Addition Facts Practice Worksheets

Arithmetic Workbook with Answers

Reproducible Timed Math Drills:

Adding the Numbers 0-20

Anne Fairbanks

Simple No-Frills Math Sheets

Addition Facts Practice Worksheets Arithmetic Workbook with Answers

Reproducible Timed Math Drills: Adding the Numbers 0-20

copyright (c) 2011

Anne Fairbanks

Simple No-Frills Math Sheets

Children > Nonfiction > Education > Math > Arithmetic

First edition and first printing in December 2011

ISBN-10:   1468137670   ISBN-13:   978-1468137675

TABLE OF CONTENTS

INTRODUCTION

- This workbook consists of 100 basic addition facts worksheets.

- These addition drills help to develop fluency in arithmetic.

- All problems involve the numbers 0 thru 20.

- Record the score and time at the top of each worksheet.

- Try to improve your score and time as you continue.

- Check your answers at the back of the workbook.

- Each exercise is numbered for easy reference.

- Teachers may reproduce selected worksheets for their students.

- Includes space for students to write their name at the top.

①
$$\begin{array}{r} 6 \\ + 1 \\ \hline 7 \end{array}$$

②
$$\begin{array}{r} 1 \\ + 4 \\ \hline 5 \end{array}$$

③
$$\begin{array}{r} 5 \\ + 1 \\ \hline 6 \end{array}$$

④
$$\begin{array}{r} 1 \\ + 3 \\ \hline 4 \end{array}$$

⑤
$$\begin{array}{r} 0 \\ + 1 \\ \hline 1 \end{array}$$

⑥
$$\begin{array}{r} 1 \\ + 2 \\ \hline 3 \end{array}$$

⑦
$$\begin{array}{r} 0 \\ + 1 \\ \hline 1 \end{array}$$

⑧
$$\begin{array}{r} 1 \\ + 2 \\ \hline 3 \end{array}$$

⑨
$$\begin{array}{r} 5 \\ + 1 \\ \hline 6 \end{array}$$

⑩
$$\begin{array}{r} 1 \\ + 6 \\ \hline 7 \end{array}$$

⑪
$$\begin{array}{r} 10 \\ + 1 \\ \hline 11 \end{array}$$

⑫
$$\begin{array}{r} 1 \\ + 6 \\ \hline 7 \end{array}$$

⑬
$$\begin{array}{r} 4 \\ + 1 \\ \hline 5 \end{array}$$

⑭
$$\begin{array}{r} 1 \\ + 1 \\ \hline 2 \end{array}$$

⑮
$$\begin{array}{r} 10 \\ + 1 \\ \hline 11 \end{array}$$

⑯
$$\begin{array}{r} 1 \\ + 4 \\ \hline 5 \end{array}$$

⑰
$$\begin{array}{r} 0 \\ + 1 \\ \hline 1 \end{array}$$

⑱
$$\begin{array}{r} 1 \\ + 6 \\ \hline 7 \end{array}$$

⑲
$$\begin{array}{r} 6 \\ + 1 \\ \hline 7 \end{array}$$

⑳
$$\begin{array}{r} 1 \\ + 0 \\ \hline 1 \end{array}$$

㉑
$$\begin{array}{r} 7 \\ + 1 \\ \hline 8 \end{array}$$

㉒
$$\begin{array}{r} 1 \\ + 1 \\ \hline 2 \end{array}$$

㉓
$$\begin{array}{r} 0 \\ + 1 \\ \hline 1 \end{array}$$

㉔
$$\begin{array}{r} 1 \\ + 5 \\ \hline 6 \end{array}$$

㉕
$$\begin{array}{r} 2 \\ + 1 \\ \hline 3 \end{array}$$

㉖
$$\begin{array}{r} 1 \\ + 8 \\ \hline 9 \end{array}$$

㉗
$$\begin{array}{r} 2 \\ + 1 \\ \hline 3 \end{array}$$

㉘
$$\begin{array}{r} 1 \\ + 5 \\ \hline 6 \end{array}$$

㉙
$$\begin{array}{r} 0 \\ + 1 \\ \hline 1 \end{array}$$

㉚
$$\begin{array}{r} 1 \\ + 3 \\ \hline 4 \end{array}$$

㉛
$$\begin{array}{r} 2 \\ + 1 \\ \hline 3 \end{array}$$

㉜
$$\begin{array}{r} 1 \\ + 10 \\ \hline -11 \end{array}$$

㉝
$$\begin{array}{r} 1 \\ + 1 \\ \hline 2 \end{array}$$

㉞
$$\begin{array}{r} 1 \\ + 4 \\ \hline 5 \end{array}$$

㉟
$$\begin{array}{r} 10 \\ + 1 \\ \hline 11 \end{array}$$

①
$$3 + 1 = 4$$

②
$$1 + 6 = 7$$

③
$$0 + 1 = 1$$

④
$$1 + 4 = 5$$

⑤
$$4 + 1 = 2$$

⑥
$$1 + 8 = 9$$

⑦
$$10 + 1 = 11$$

⑧
$$1 + 0 = 1$$

⑨
$$5 + 1 = 6$$

⑩
$$1 + 1 = 2$$

⑪
$$10 + 1 = 11$$

⑫
$$1 + 10 = 11$$

⑬
$$2 + 1 = 3$$

⑭
$$1 + 1 = 2$$

⑮
$$3 + 1 = 4$$

⑯
$$1 + 8 = 9$$

⑰
$$3 + 1 = 4$$

⑱
$$1 + 5 = 6$$

⑲
$$1 + 1 = 2$$

⑳
$$1 + 5 = 6$$

㉑
$$9 + 1 = 10$$

㉒
$$1 + 7 = 8$$

㉓
$$1 + 1 = 2$$

㉔
$$1 + 0 = 1$$

㉕
$$6 + 1 = 7$$

㉖
$$1 + 2 = 3$$

㉗
$$4 + 1 = 5$$

㉘
$$1 + 0 = 1$$

㉙
$$10 + 1 = 11$$

㉚
$$1 + 1 = 2$$

㉛
$$4 + 1 = 5$$

㉜
$$1 + 5 = 6$$

㉝
$$7 + 1 = 8$$

㉞
$$1 + 1 = 2$$

㉟
$$5 + 1 = 6$$

①
```
   9
+  2
-----
  11
```

②
```
   2
+  0
-----
   2
```

③
```
   0
+  2
-----
   2
```

④
```
   2
+  1
-----
   3
```

⑤
```
   8
+  2
-----
  10
```

⑥
```
   2
+  1
-----
   3
```

⑦
```
   5
+  2
-----
   7
```

⑧
```
   2
+  1
-----
   3
```

⑨
```
   1
+  2
-----
   3
```

⑩
```
   2
+  6
-----
   8
```

⑪
```
   8
+  2
-----
  10
```

⑫
```
   2
+  9
-----
  11
```

⑬
```
   5
+  2
-----
   7
```

⑭
```
   2
+  8
-----
  10
```

⑮
```
   9
+  2
-----
  11
```

⑯
```
   2
+  3
-----
   5
```

⑰
```
   5
+  2
-----
   7
```

⑱
```
   2
+  8
-----
  10
```

⑲
```
   4
+  2
-----
   6
```

⑳
```
   2
+ 10
-----
  12
```

㉑
```
   5
+  2
-----
   7
```

㉒
```
   2
+ 10
-----
  12
```

㉓
```
   5
+  2
-----
   7
```

㉔
```
   2
+ 10
-----
  12
```

㉕
```
  10
+  2
-----
  12
```

㉖
```
   2
+  1
-----
   3
```

㉗
```
   2
+  2
-----
   4
```

㉘
```
   2
+  3
-----
   5
```

㉙
```
   4
+  2
-----
   6
```

㉚
```
   2
+  2
-----
   4
```

㉛
```
   7
+  2
-----
   9
```

㉜
```
   2
+  4
-----
   6
```

㉝
```
   5
+  2
-----
   7
```

㉞
```
   2
+  3
-----
   5
```

㉟
```
   9
+  2
-----
  11
```

①
```
    4
  + 2
```
6

②
```
    2
  + 6
```
8

③
```
   10
  + 2
```
12

④
```
    2
  + 4
```
6

⑤
```
    1
  + 2
```
3

⑥
```
    2
  + 1
```
3

⑦
```
    2
  + 2
```
4

⑧
```
    2
  + 9
```
11

⑨
```
    3
  + 2
```
5

⑩
```
    2
  + 2
```
4

⑪
```
    5
  + 2
```
7

⑫
```
    2
  + 10
```
12

⑬
```
    5
  + 2
```
7

⑭
```
    2
  + 4
```
6

⑮
```
    6
  + 2
```
8

⑯
```
    2
  + 1
```
3

⑰
```
    5
  + 2
```
7

⑱
```
    2
  + 1
```
3

⑲
```
    2
  + 2
```
4

⑳
```
    2
  + 2
```
4

㉑
```
    8
  + 2
```
10

㉒
```
    2
  + 2
```
4

㉓
```
    3
  + 2
```
5

㉔
```
    2
  + 10
```
12

㉕
```
    3
  + 2
```
5

㉖
```
    2
  + 5
```
7

㉗
```
    5
  + 2
```
7

㉘
```
    2
  + 7
```
9

㉙
```
    4
  + 2
```
6

㉚
```
    2
  + 3
```
5

㉛
```
    3
  + 2
```
5

㉜
```
    2
  + 1
```
3

㉝
```
    8
  + 2
```
10

㉞
```
    2
  + 8
```
10 &

㉟
```
    7
  + 2
```
9

①
    5
+ 3

②
    3
+ 2

③
    2
+ 3

④
    3
+ 3

⑤
    9
+ 3

⑥
    3
+ 10

⑦
    8
+ 3

⑧
    3
+ 1

⑨
    3
+ 3

⑩
    3
+ 9

⑪
    0
+ 3

⑫
    3
+ 4

⑬
    8
+ 3

⑭
    3
+ 5

⑮
    10
+ 3

⑯
    3
+ 8

⑰
    2
+ 3

⑱
    3
+ 1

⑲
    10
+ 3

⑳
    3
+ 10

㉑
    10
+ 3

㉒
    3
+ 3

㉓
    10
+ 3

㉔
    3
+ 5

㉕
    4
+ 3

㉖
    3
+ 4

㉗
    0
+ 3

㉘
    3
+ 7

㉙
    5
+ 3

㉚
    3
+ 2

㉛
    5
+ 3

㉜
    3
+ 1

㉝
    9
+ 3

㉞
    3
+ 0

㉟
    10
+ 3

①
```
    3
+   3
____
```

②
```
    3
+   7
____
```

③
```
    9
+   3
____
```

④
```
    3
+   3
____
```

⑤
```
    4
+   3
____
```

⑥
```
    3
+   6
____
```

⑦
```
    4
+   3
____
```

⑧
```
    3
+   0
____
```

⑨
```
    3
+   3
____
```

⑩
```
    3
+   9
____
```

⑪
```
    9
+   3
____
```

⑫
```
    3
+   8
____
```

⑬
```
    2
+   3
____
```

⑭
```
    3
+   2
____
```

⑮
```
    9
+   3
____
```

⑯
```
    3
+   5
____
```

⑰
```
    5
+   3
____
```

⑱
```
    3
+   8
____
```

⑲
```
    4
+   3
____
```

⑳
```
    3
+   2
____
```

㉑
```
    1
+   3
____
```

㉒
```
    3
+   1
____
```

㉓
```
    8
+   3
____
```

㉔
```
    3
+   2
____
```

㉕
```
    3
+   3
____
```

㉖
```
    3
+   9
____
```

㉗
```
    8
+   3
____
```

㉘
```
    3
+   1
____
```

㉙
```
    2
+   3
____
```

㉚
```
    3
+   2
____
```

㉛
```
    9
+   3
____
```

㉜
```
    3
+   7
____
```

㉝
```
    5
+   3
____
```

㉞
```
    3
+   3
____
```

㉟
```
    3
+   3
____
```

①
```
    3
+   4
```

②
```
    4
+   5
```

③
```
    1
+   4
```

④
```
    4
+   8
```

⑤
```
    9
+   4
```

⑥
```
    4
+   1
```

⑦
```
    3
+   4
```

⑧
```
    4
+   4
```

⑨
```
    3
+   4
```

⑩
```
    4
+   0
```

⑪
```
    8
+   4
```

⑫
```
    4
+  10
```

⑬
```
    3
+   4
```

⑭
```
    4
+   0
```

⑮
```
    2
+   4
```

⑯
```
    4
+   4
```

⑰
```
    5
+   4
```

⑱
```
    4
+   8
```

⑲
```
    1
+   4
```

⑳
```
    4
+   3
```

㉑
```
    3
+   4
```

㉒
```
    4
+  10
```

㉓
```
    9
+   4
```

㉔
```
    4
+   0
```

㉕
```
    2
+   4
```

㉖
```
    4
+   1
```

㉗
```
    2
+   4
```

㉘
```
    4
+   3
```

㉙
```
    2
+   4
```

㉚
```
    4
+   4
```

㉛
```
    1
+   4
```

㉜
```
    4
+  10
```

㉝
```
    2
+   4
```

㉞
```
    4
+   5
```

㉟
```
    3
+   4
```

①
```
    2
+   4
_____
```

②
```
    4
+   7
_____
```

③
```
    8
+   4
_____
```

④
```
    4
+   4
_____
```

⑤
```
    0
+   4
_____
```

⑥
```
    4
+   5
_____
```

⑦
```
    5
+   4
_____
```

⑧
```
    4
+   7
_____
```

⑨
```
   10
+   4
_____
```

⑩
```
    4
+   3
_____
```

⑪
```
    1
+   4
_____
```

⑫
```
    4
+   7
_____
```

⑬
```
    8
+   4
_____
```

⑭
```
    4
+   0
_____
```

⑮
```
    2
+   4
_____
```

⑯
```
    4
+   6
_____
```

⑰
```
    1
+   4
_____
```

⑱
```
    4
+   1
_____
```

⑲
```
    6
+   4
_____
```

⑳
```
    4
+   6
_____
```

㉑
```
    6
+   4
_____
```

㉒
```
    4
+   0
_____
```

㉓
```
    7
+   4
_____
```

㉔
```
    4
+   8
_____
```

㉕
```
    9
+   4
_____
```

㉖
```
    4
+   9
_____
```

㉗
```
    1
+   4
_____
```

㉘
```
    4
+   7
_____
```

㉙
```
    9
+   4
_____
```

㉚
```
    4
+   4
_____
```

㉛
```
    8
+   4
_____
```

㉜
```
    4
+   0
_____
```

㉝
```
    8
+   4
_____
```

㉞
```
    4
+   6
_____
```

㉟
```
    8
+   4
_____
```

①
$$\begin{array}{r} 1 \\ +\ 5 \\ \hline \end{array}$$

②
$$\begin{array}{r} 5 \\ +\ 9 \\ \hline \end{array}$$

③
$$\begin{array}{r} 6 \\ +\ 5 \\ \hline \end{array}$$

④
$$\begin{array}{r} 5 \\ +\ 3 \\ \hline \end{array}$$

⑤
$$\begin{array}{r} 0 \\ +\ 5 \\ \hline \end{array}$$

⑥
$$\begin{array}{r} 5 \\ +\ 5 \\ \hline \end{array}$$

⑦
$$\begin{array}{r} 5 \\ +\ 5 \\ \hline \end{array}$$

⑧
$$\begin{array}{r} 5 \\ +\ 7 \\ \hline \end{array}$$

⑨
$$\begin{array}{r} 9 \\ +\ 5 \\ \hline \end{array}$$

⑩
$$\begin{array}{r} 5 \\ +\ 8 \\ \hline \end{array}$$

⑪
$$\begin{array}{r} 9 \\ +\ 5 \\ \hline \end{array}$$

⑫
$$\begin{array}{r} 5 \\ +\ 7 \\ \hline \end{array}$$

⑬
$$\begin{array}{r} 0 \\ +\ 5 \\ \hline \end{array}$$

⑭
$$\begin{array}{r} 5 \\ +\ 2 \\ \hline \end{array}$$

⑮
$$\begin{array}{r} 2 \\ +\ 5 \\ \hline \end{array}$$

⑯
$$\begin{array}{r} 5 \\ +\ 0 \\ \hline \end{array}$$

⑰
$$\begin{array}{r} 6 \\ +\ 5 \\ \hline \end{array}$$

⑱
$$\begin{array}{r} 5 \\ +\ 9 \\ \hline \end{array}$$

⑲
$$\begin{array}{r} 7 \\ +\ 5 \\ \hline \end{array}$$

⑳
$$\begin{array}{r} 5 \\ +\ 4 \\ \hline \end{array}$$

㉑
$$\begin{array}{r} 2 \\ +\ 5 \\ \hline \end{array}$$

㉒
$$\begin{array}{r} 5 \\ +\ 9 \\ \hline \end{array}$$

㉓
$$\begin{array}{r} 8 \\ +\ 5 \\ \hline \end{array}$$

㉔
$$\begin{array}{r} 5 \\ +\ 5 \\ \hline \end{array}$$

㉕
$$\begin{array}{r} 4 \\ +\ 5 \\ \hline \end{array}$$

㉖
$$\begin{array}{r} 5 \\ +\ 7 \\ \hline \end{array}$$

㉗
$$\begin{array}{r} 9 \\ +\ 5 \\ \hline \end{array}$$

㉘
$$\begin{array}{r} 5 \\ +\ 8 \\ \hline \end{array}$$

㉙
$$\begin{array}{r} 4 \\ +\ 5 \\ \hline \end{array}$$

㉚
$$\begin{array}{r} 5 \\ +\ 3 \\ \hline \end{array}$$

㉛
$$\begin{array}{r} 1 \\ +\ 5 \\ \hline \end{array}$$

㉜
$$\begin{array}{r} 5 \\ +\ 0 \\ \hline \end{array}$$

㉝
$$\begin{array}{r} 8 \\ +\ 5 \\ \hline \end{array}$$

㉞
$$\begin{array}{r} 5 \\ +\ 5 \\ \hline \end{array}$$

㉟
$$\begin{array}{r} 4 \\ +\ 5 \\ \hline \end{array}$$

①
```
    2
+   5
____
```

②
```
    5
+   1
____
```

③
```
    2
+   5
____
```

④
```
    5
+   0
____
```

⑤
```
    1
+   5
____
```

⑥
```
    5
+   1
____
```

⑦
```
    0
+   5
____
```

⑧
```
    5
+   1
____
```

⑨
```
    2
+   5
____
```

⑩
```
    5
+   0
____
```

⑪
```
    2
+   5
____
```

⑫
```
    5
+  10
____
```

⑬
```
    8
+   5
____
```

⑭
```
    5
+   1
____
```

⑮
```
    0
+   5
____
```

⑯
```
    5
+   7
____
```

⑰
```
    3
+   5
____
```

⑱
```
    5
+   3
____
```

⑲
```
   10
+   5
____
```

⑳
```
    5
+   6
____
```

㉑
```
    1
+   5
____
```

㉒
```
    5
+   2
____
```

㉓
```
    8
+   5
____
```

㉔
```
    5
+   5
____
```

㉕
```
    1
+   5
____
```

㉖
```
    5
+   9
____
```

㉗
```
    7
+   5
____
```

㉘
```
    5
+   8
____
```

㉙
```
    1
+   5
____
```

㉚
```
    5
+   1
____
```

㉛
```
    6
+   5
____
```

㉜
```
    5
+   7
____
```

㉝
```
    1
+   5
____
```

㉞
```
    5
+   3
____
```

㉟
```
    5
+   5
____
```

①
```
    10
+    6
_____
```

②
```
     6
+    2
_____
```

③
```
     2
+    6
_____
```

④
```
     6
+    1
_____
```

⑤
```
     0
+    6
_____
```

⑥
```
     6
+    8
_____
```

⑦
```
     9
+    6
_____
```

⑧
```
     6
+    6
_____
```

⑨
```
     4
+    6
_____
```

⑩
```
     6
+    5
_____
```

⑪
```
     5
+    6
_____
```

⑫
```
     6
+   10
_____
```

⑬
```
     1
+    6
_____
```

⑭
```
     6
+    0
_____
```

⑮
```
     0
+    6
_____
```

⑯
```
     6
+    1
_____
```

⑰
```
     3
+    6
_____
```

⑱
```
     6
+    1
_____
```

⑲
```
     1
+    6
_____
```

⑳
```
     6
+    8
_____
```

㉑
```
     9
+    6
_____
```

㉒
```
     6
+    7
_____
```

㉓
```
     6
+    6
_____
```

㉔
```
     6
+    5
_____
```

㉕
```
     4
+    6
_____
```

㉖
```
     6
+    4
_____
```

㉗
```
     1
+    6
_____
```

㉘
```
     6
+    4
_____
```

㉙
```
     9
+    6
_____
```

㉚
```
     6
+    3
_____
```

㉛
```
     7
+    6
_____
```

㉜
```
     6
+    9
_____
```

㉝
```
     8
+    6
_____
```

㉞
```
     6
+    8
_____
```

㉟
```
     7
+    6
_____
```

①
```
    4
+   6
```

②
```
    6
+  10
```

③
```
    6
+   6
```

④
```
    6
+   4
```

⑤
```
    7
+   6
```

⑥
```
    6
+   6
```

⑦
```
    6
+   6
```

⑧
```
    6
+   0
```

⑨
```
    0
+   6
```

⑩
```
    6
+   4
```

⑪
```
    6
+   6
```

⑫
```
    6
+   8
```

⑬
```
    1
+   6
```

⑭
```
    6
+   4
```

⑮
```
   10
+   6
```

⑯
```
    6
+   5
```

⑰
```
    3
+   6
```

⑱
```
    6
+  10
```

⑲
```
    4
+   6
```

⑳
```
    6
+   2
```

㉑
```
    7
+   6
```

㉒
```
    6
+  10
```

㉓
```
    7
+   6
```

㉔
```
    6
+   8
```

㉕
```
    9
+   6
```

㉖
```
    6
+   3
```

㉗
```
    4
+   6
```

㉘
```
    6
+   2
```

㉙
```
    0
+   6
```

㉚
```
    6
+  10
```

㉛
```
    9
+   6
```

㉜
```
    6
+   6
```

㉝
```
    8
+   6
```

㉞
```
    6
+   1
```

㉟
```
    5
+   6
```

①
```
    4
+   7
```

②
```
    7
+   3
```

③
```
    5
+   7
```

④
```
    7
+   9
```

⑤
```
    9
+   7
```

⑥
```
    7
+   4
```

⑦
```
    3
+   7
```

⑧
```
    7
+   7
```

⑨
```
    1
+   7
```

⑩
```
    7
+   6
```

⑪
```
    1
+   7
```

⑫
```
    7
+   6
```

⑬
```
   10
+   7
```

⑭
```
    7
+   1
```

⑮
```
    7
+   7
```

⑯
```
    7
+   6
```

⑰
```
    3
+   7
```

⑱
```
    7
+   6
```

⑲
```
    9
+   7
```

⑳
```
    7
+   8
```

㉑
```
    0
+   7
```

㉒
```
    7
+   4
```

㉓
```
    6
+   7
```

㉔
```
    7
+   4
```

㉕
```
    1
+   7
```

㉖
```
    7
+   8
```

㉗
```
    4
+   7
```

㉘
```
    7
+   1
```

㉙
```
   10
+   7
```

㉚
```
    7
+   0
```

㉛
```
    9
+   7
```

㉜
```
    7
+   7
```

㉝
```
    2
+   7
```

㉞
```
    7
+   4
```

㉟
```
    2
+   7
```

①
```
    9
 +  7
```

②
```
    7
 +  8
```

③
```
    7
 +  7
```

④
```
    7
 +  5
```

⑤
```
    2
 +  7
```

⑥
```
    7
 +  0
```

⑦
```
    5
 +  7
```

⑧
```
    7
 +  9
```

⑨
```
    5
 +  7
```

⑩
```
    7
 + 10
```

⑪
```
    8
 +  7
```

⑫
```
    7
 +  4
```

⑬
```
    7
 +  7
```

⑭
```
    7
 +  1
```

⑮
```
   10
 +  7
```

⑯
```
    7
 +  5
```

⑰
```
    2
 +  7
```

⑱
```
    7
 +  5
```

⑲
```
    6
 +  7
```

⑳
```
    7
 +  8
```

㉑
```
    7
 +  7
```

㉒
```
    7
 +  7
```

㉓
```
    1
 +  7
```

㉔
```
    7
 +  1
```

㉕
```
    7
 +  7
```

㉖
```
    7
 +  4
```

㉗
```
    2
 +  7
```

㉘
```
    7
 +  2
```

㉙
```
    5
 +  7
```

㉚
```
    7
 +  1
```

㉛
```
   10
 +  7
```

㉜
```
    7
 + 10
```

㉝
```
    7
 +  7
```

㉞
```
    7
 +  9
```

㉟
```
    3
 +  7
```

①
```
    9
+   8
```

②
```
    8
+   1
```

③
```
    8
+   8
```

④
```
    8
+   0
```

⑤
```
    4
+   8
```

⑥
```
    8
+   3
```

⑦
```
    8
+   8
```

⑧
```
    8
+   3
```

⑨
```
    1
+   8
```

⑩
```
    8
+  10
```

⑪
```
    3
+   8
```

⑫
```
    8
+   5
```

⑬
```
    5
+   8
```

⑭
```
    8
+   8
```

⑮
```
   10
+   8
```

⑯
```
    8
+  10
```

⑰
```
    8
+   8
```

⑱
```
    8
+   6
```

⑲
```
    9
+   8
```

⑳
```
    8
+  10
```

㉑
```
    9
+   8
```

㉒
```
    8
+   1
```

㉓
```
    4
+   8
```

㉔
```
    8
+   7
```

㉕
```
    9
+   8
```

㉖
```
    8
+   3
```

㉗
```
    9
+   8
```

㉘
```
    8
+   7
```

㉙
```
    4
+   8
```

㉚
```
    8
+   6
```

㉛
```
    3
+   8
```

㉜
```
    8
+   9
```

㉝
```
    2
+   8
```

㉞
```
    8
+   9
```

㉟
```
    6
+   8
```

①
```
    4
+   8
```

②
```
    8
+   9
```

③
```
    9
+   8
```

④
```
    8
+   8
```

⑤
```
    9
+   8
```

⑥
```
    8
+   0
```

⑦
```
    2
+   8
```

⑧
```
    8
+   0
```

⑨
```
    3
+   8
```

⑩
```
    8
+   4
```

⑪
```
    1
+   8
```

⑫
```
    8
+   5
```

⑬
```
    4
+   8
```

⑭
```
    8
+   3
```

⑮
```
    9
+   8
```

⑯
```
    8
+   4
```

⑰
```
   10
+   8
```

⑱
```
    8
+   2
```

⑲
```
    9
+   8
```

⑳
```
    8
+   2
```

㉑
```
    6
+   8
```

㉒
```
    8
+   7
```

㉓
```
    9
+   8
```

㉔
```
    8
+   3
```

㉕
```
    0
+   8
```

㉖
```
    8
+   4
```

㉗
```
    2
+   8
```

㉘
```
    8
+   8
```

㉙
```
    5
+   8
```

㉚
```
    8
+   8
```

㉛
```
   10
+   8
```

㉜
```
    8
+   4
```

㉝
```
   10
+   8
```

㉞
```
    8
+   5
```

㉟
```
   10
+   8
```

①
```
    4
+   9
____
```

②
```
    9
+   6
____
```

③
```
    1
+   9
____
```

④
```
    9
+   4
____
```

⑤
```
    0
+   9
____
```

⑥
```
    9
+   6
____
```

⑦
```
    8
+   9
____
```

⑧
```
    9
+   7
____
```

⑨
```
    4
+   9
____
```

⑩
```
    9
+   6
____
```

⑪
```
    8
+   9
____
```

⑫
```
    9
+   3
____
```

⑬
```
   10
+   9
____
```

⑭
```
    9
+   5
____
```

⑮
```
    3
+   9
____
```

⑯
```
    9
+   4
____
```

⑰
```
   10
+   9
____
```

⑱
```
    9
+   0
____
```

⑲
```
    0
+   9
____
```

⑳
```
    9
+   4
____
```

㉑
```
    0
+   9
____
```

㉒
```
    9
+   9
____
```

㉓
```
    2
+   9
____
```

㉔
```
    9
+  10
____
```

㉕
```
    1
+   9
____
```

㉖
```
    9
+   6
____
```

㉗
```
    8
+   9
____
```

㉘
```
    9
+   3
____
```

㉙
```
    6
+   9
____
```

㉚
```
    9
+   2
____
```

㉛
```
    2
+   9
____
```

㉜
```
    9
+   5
____
```

㉝
```
    8
+   9
____
```

㉞
```
    9
+   4
____
```

㉟
```
   10
+   9
____
```

①   3   ②   9   ③   6   ④   9   ⑤   0   ⑥   9   ⑦   1
+ 9   + 6   + 9   + 8   + 9   + 5   + 9

⑧   9   ⑨   5   ⑩   9   ⑪   2   ⑫   9   ⑬   4   ⑭   9
+ 5   + 9   + 0   + 9   + 7   + 9   + 7

⑮   1   ⑯   9   ⑰   1   ⑱   9   ⑲   6   ⑳   9   ㉑   9
+ 9   + 0   + 9   + 6   + 9   + 9   + 9

㉒   9   ㉓   6   ㉔   9   ㉕   1   ㉖   9   ㉗   7   ㉘   9
+ 8   + 9   + 0   + 9   + 5   + 9   + 0

㉙   1   ㉚   9   ㉛   1   ㉜   9   ㉝   10   ㉞   9   ㉟   4
+ 9   + 3   + 9   + 9   + 9   + 7   + 9

①
```
    4
+  10
____
```

②
```
   10
+   5
____
```

③
```
    2
+  10
____
```

④
```
   10
+   8
____
```

⑤
```
    8
+  10
____
```

⑥
```
   10
+   5
____
```

⑦
```
    6
+  10
____
```

⑧
```
   10
+   1
____
```

⑨
```
    4
+  10
____
```

⑩
```
   10
+   7
____
```

⑪
```
    8
+  10
____
```

⑫
```
   10
+   4
____
```

⑬
```
    6
+  10
____
```

⑭
```
   10
+  10
____
```

⑮
```
    9
+  10
____
```

⑯
```
   10
+   9
____
```

⑰
```
    4
+  10
____
```

⑱
```
   10
+  10
____
```

⑲
```
    7
+  10
____
```

⑳
```
   10
+  10
____
```

㉑
```
    9
+  10
____
```

㉒
```
   10
+   8
____
```

㉓
```
    6
+  10
____
```

㉔
```
   10
+   1
____
```

㉕
```
    6
+  10
____
```

㉖
```
   10
+   0
____
```

㉗
```
   10
+  10
____
```

㉘
```
   10
+   0
____
```

㉙
```
    2
+  10
____
```

㉚
```
   10
+   7
____
```

㉛
```
    6
+  10
____
```

㉜
```
   10
+  10
____
```

㉝
```
    6
+  10
____
```

㉞
```
   10
+   3
____
```

㉟
```
    9
+  10
____
```

①
```
    5
+  10
```

②
```
   10
+   4
```

③
```
    7
+  10
```

④
```
   10
+   3
```

⑤
```
    3
+  10
```

⑥
```
   10
+   9
```

⑦
```
   10
+  10
```

⑧
```
   10
+   7
```

⑨
```
    7
+  10
```

⑩
```
   10
+  10
```

⑪
```
    9
+  10
```

⑫
```
   10
+   8
```

⑬
```
    6
+  10
```

⑭
```
   10
+   8
```

⑮
```
    7
+  10
```

⑯
```
   10
+   6
```

⑰
```
    9
+  10
```

⑱
```
   10
+   0
```

⑲
```
    0
+  10
```

⑳
```
   10
+   6
```

㉑
```
    3
+  10
```

㉒
```
   10
+   6
```

㉓
```
    8
+  10
```

㉔
```
   10
+   9
```

㉕
```
    0
+  10
```

㉖
```
   10
+   1
```

㉗
```
    6
+  10
```

㉘
```
   10
+  10
```

㉙
```
    4
+  10
```

㉚
```
   10
+   5
```

㉛
```
    4
+  10
```

㉜
```
   10
+   0
```

㉝
```
   10
+  10
```

㉞
```
   10
+   2
```

㉟
```
    5
+  10
```

①
```
    2
+   8
```

②
```
    5
+   1
```

③
```
    7
+   1
```

④
```
    1
+   3
```

⑤
```
    3
+   9
```

⑥
```
    1
+   8
```

⑦
```
    3
+   0
```

⑧
```
    0
+   1
```

⑨
```
    2
+   0
```

⑩
```
    2
+   0
```

⑪
```
    8
+   6
```

⑫
```
    4
+   1
```

⑬
```
    9
+   9
```

⑭
```
    6
+   0
```

⑮
```
    2
+   2
```

⑯
```
    9
+  10
```

⑰
```
    0
+   3
```

⑱
```
    4
+   4
```

⑲
```
    8
+   2
```

⑳
```
    2
+   1
```

㉑
```
    4
+   4
```

㉒
```
    6
+   9
```

㉓
```
    9
+   0
```

㉔
```
    1
+   1
```

㉕
```
    3
+   8
```

㉖
```
    1
+  10
```

㉗
```
    8
+   1
```

㉘
```
    9
+   6
```

㉙
```
    4
+   2
```

㉚
```
   10
+   9
```

㉛
```
    8
+   5
```

㉜
```
    6
+   0
```

㉝
```
    2
+   3
```

㉞
```
    7
+   7
```

㉟
```
   10
+   6
```

①
```
    5
+   6
____
```

②
```
    7
+   0
____
```

③
```
    4
+  10
____
```

④
```
    2
+   2
____
```

⑤
```
    5
+   2
____
```

⑥
```
    9
+   5
____
```

⑦
```
    7
+   5
____
```

⑧
```
    5
+   9
____
```

⑨
```
    1
+   5
____
```

⑩
```
    3
+   8
____
```

⑪
```
    7
+   7
____
```

⑫
```
    4
+   2
____
```

⑬
```
    1
+   7
____
```

⑭
```
    4
+   1
____
```

⑮
```
   10
+   3
____
```

⑯
```
   10
+   3
____
```

⑰
```
    3
+   2
____
```

⑱
```
    0
+   1
____
```

⑲
```
    5
+   2
____
```

⑳
```
    7
+   3
____
```

㉑
```
    4
+   2
____
```

㉒
```
    1
+   6
____
```

㉓
```
    8
+   6
____
```

㉔
```
    0
+   3
____
```

㉕
```
    7
+   1
____
```

㉖
```
    5
+  10
____
```

㉗
```
   10
+   5
____
```

㉘
```
    6
+   5
____
```

㉙
```
    5
+   6
____
```

㉚
```
    5
+   4
____
```

㉛
```
    5
+   5
____
```

㉜
```
    1
+   7
____
```

㉝
```
    1
+   0
____
```

㉞
```
    1
+   6
____
```

㉟
```
   10
+   3
____
```

①
```
   10
+   4
```

②
```
    9
+   5
```

③
```
    4
+  10
```

④
```
    3
+   4
```

⑤
```
    5
+   2
```

⑥
```
   10
+   1
```

⑦
```
    9
+  10
```

⑧
```
    3
+   4
```

⑨
```
    0
+   0
```

⑩
```
    4
+   4
```

⑪
```
   10
+   5
```

⑫
```
    7
+   4
```

⑬
```
    2
+   4
```

⑭
```
    2
+   4
```

⑮
```
    2
+  10
```

⑯
```
   10
+  10
```

⑰
```
    4
+   9
```

⑱
```
    1
+   3
```

⑲
```
   10
+   2
```

⑳
```
    5
+   1
```

㉑
```
    4
+   6
```

㉒
```
    6
+   4
```

㉓
```
    1
+  10
```

㉔
```
    1
+   3
```

㉕
```
    6
+   0
```

㉖
```
    9
+   0
```

㉗
```
    4
+   6
```

㉘
```
    8
+   1
```

㉙
```
    2
+  10
```

㉚
```
    3
+   8
```

㉛
```
   10
+   3
```

㉜
```
    6
+   4
```

㉝
```
    3
+   0
```

㉞
```
    9
+   8
```

㉟
```
    1
+   7
```

①
```
    4
+   2
-----
```

②
```
    6
+   7
-----
```

③
```
   10
+   7
-----
```

④
```
    1
+   0
-----
```

⑤
```
    7
+   0
-----
```

⑥
```
    9
+   3
-----
```

⑦
```
    9
+   2
-----
```

⑧
```
    4
+   4
-----
```

⑨
```
    0
+   2
-----
```

⑩
```
    2
+   0
-----
```

⑪
```
    1
+  10
-----
```

⑫
```
    0
+   6
-----
```

⑬
```
    7
+   2
-----
```

⑭
```
    7
+   9
-----
```

⑮
```
    5
+   7
-----
```

⑯
```
    4
+   1
-----
```

⑰
```
    1
+  10
-----
```

⑱
```
    9
+   7
-----
```

⑲
```
    9
+   9
-----
```

⑳
```
    0
+  10
-----
```

㉑
```
    9
+   4
-----
```

㉒
```
    1
+   3
-----
```

㉓
```
    7
+   3
-----
```

㉔
```
    6
+   8
-----
```

㉕
```
   10
+   8
-----
```

㉖
```
    4
+   8
-----
```

㉗
```
    3
+   9
-----
```

㉘
```
    0
+  10
-----
```

㉙
```
   10
+   8
-----
```

㉚
```
   10
+   8
-----
```

㉛
```
    7
+   7
-----
```

㉜
```
    7
+   7
-----
```

㉝
```
    4
+   2
-----
```

㉞
```
    5
+   1
-----
```

㉟
```
   10
+   5
-----
```

①
```
    8
+   7
____
```

②
```
   10
+   2
____
```

③
```
    4
+   3
____
```

④
```
    4
+   8
____
```

⑤
```
    9
+   3
____
```

⑥
```
    5
+   7
____
```

⑦
```
    8
+   0
____
```

⑧
```
    5
+   0
____
```

⑨
```
    5
+   8
____
```

⑩
```
    7
+   4
____
```

⑪
```
    9
+  10
____
```

⑫
```
    3
+   6
____
```

⑬
```
    6
+  10
____
```

⑭
```
   10
+   2
____
```

⑮
```
    3
+  10
____
```

⑯
```
    8
+   7
____
```

⑰
```
    0
+   5
____
```

⑱
```
    5
+   3
____
```

⑲
```
    4
+   1
____
```

⑳
```
    8
+   2
____
```

㉑
```
    0
+   0
____
```

㉒
```
    3
+   6
____
```

㉓
```
    0
+   6
____
```

㉔
```
    7
+   2
____
```

㉕
```
    8
+  10
____
```

㉖
```
    6
+   0
____
```

㉗
```
    8
+   0
____
```

㉘
```
    7
+   1
____
```

㉙
```
    6
+   2
____
```

㉚
```
   10
+   6
____
```

㉛
```
    8
+   9
____
```

㉜
```
    0
+   6
____
```

㉝
```
    2
+   7
____
```

㉞
```
    4
+   6
____
```

㉟
```
    0
+  10
____
```

①
```
    8
+   2
```

②
```
   10
+   9
```

③
```
    8
+   9
```

④
```
    8
+   0
```

⑤
```
    4
+   7
```

⑥
```
    3
+   1
```

⑦
```
    7
+   5
```

⑧
```
    7
+   5
```

⑨
```
    1
+   1
```

⑩
```
    5
+   1
```

⑪
```
    4
+   5
```

⑫
```
    3
+   8
```

⑬
```
    3
+   5
```

⑭
```
    6
+   6
```

⑮
```
   10
+   6
```

⑯
```
    5
+   8
```

⑰
```
    3
+   8
```

⑱
```
    0
+   9
```

⑲
```
    9
+   7
```

⑳
```
    4
+  10
```

㉑
```
    0
+   0
```

㉒
```
    3
+   6
```

㉓
```
    3
+   2
```

㉔
```
    7
+   0
```

㉕
```
    1
+   5
```

㉖
```
    1
+   3
```

㉗
```
    5
+   9
```

㉘
```
    9
+   2
```

㉙
```
    9
+   2
```

㉚
```
    1
+   5
```

㉛
```
    5
+   6
```

㉜
```
   10
+   6
```

㉝
```
    0
+  10
```

㉞
```
    4
+   9
```

㉟
```
    1
+   2
```

① 0 + 0
② 10 + 3
③ 9 + 5
④ 3 + 4
⑤ 0 + 2
⑥ 7 + 4
⑦ 0 + 9

⑧ 10 + 4
⑨ 5 + 6
⑩ 5 + 5
⑪ 9 + 8
⑫ 9 + 8
⑬ 10 + 9
⑭ 3 + 6

⑮ 5 + 5
⑯ 9 + 8
⑰ 3 + 9
⑱ 2 + 0
⑲ 0 + 3
⑳ 9 + 1
㉑ 0 + 6

㉒ 4 + 9
㉓ 2 + 5
㉔ 10 + 4
㉕ 3 + 2
㉖ 4 + 6
㉗ 8 + 7
㉘ 8 + 0

㉙ 5 + 2
㉚ 5 + 0
㉛ 1 + 4
㉜ 7 + 7
㉝ 3 + 6
㉞ 9 + 7
㉟ 5 + 6

①
```
    6
+   0
____
```

②
```
    9
+   1
____
```

③
```
    1
+   0
____
```

④
```
    5
+   9
____
```

⑤
```
    7
+   3
____
```

⑥
```
    7
+   5
____
```

⑦
```
    7
+   2
____
```

⑧
```
    5
+   5
____
```

⑨
```
    4
+   1
____
```

⑩
```
    3
+   4
____
```

⑪
```
    0
+   2
____
```

⑫
```
    6
+   5
____
```

⑬
```
    0
+   1
____
```

⑭
```
   10
+   6
____
```

⑮
```
    9
+   5
____
```

⑯
```
    1
+   9
____
```

⑰
```
    1
+   9
____
```

⑱
```
    6
+   2
____
```

⑲
```
    2
+   1
____
```

⑳
```
    9
+   8
____
```

㉑
```
    9
+   7
____
```

㉒
```
    1
+   2
____
```

㉓
```
   10
+   8
____
```

㉔
```
    8
+   8
____
```

㉕
```
   10
+   0
____
```

㉖
```
    6
+   5
____
```

㉗
```
    8
+   5
____
```

㉘
```
    9
+   0
____
```

㉙
```
    4
+   1
____
```

㉚
```
    3
+   4
____
```

㉛
```
    3
+  10
____
```

㉜
```
   10
+   9
____
```

㉝
```
    2
+   3
____
```

㉞
```
   10
+   1
____
```

㉟
```
    6
+  10
____
```

①
```
    2
+   2
_____
```

②
```
    4
+   9
_____
```

③
```
    6
+   5
_____
```

④
```
    7
+   9
_____
```

⑤
```
    6
+   3
_____
```

⑥
```
    9
+   4
_____
```

⑦
```
    0
+   1
_____
```

⑧
```
    1
+   4
_____
```

⑨
```
    2
+   6
_____
```

⑩
```
    0
+   4
_____
```

⑪
```
    3
+   4
_____
```

⑫
```
    9
+   9
_____
```

⑬
```
    8
+   0
_____
```

⑭
```
    3
+   4
_____
```

⑮
```
    6
+   2
_____
```

⑯
```
    5
+   2
_____
```

⑰
```
    2
+   2
_____
```

⑱
```
    4
+   5
_____
```

⑲
```
    3
+  10
_____
```

⑳
```
    9
+  10
_____
```

㉑
```
    6
+   7
_____
```

㉒
```
    7
+   9
_____
```

㉓
```
    4
+  10
_____
```

㉔
```
    8
+   2
_____
```

㉕
```
    1
+   6
_____
```

㉖
```
    1
+   4
_____
```

㉗
```
    0
+   7
_____
```

㉘
```
    3
+  10
_____
```

㉙
```
    7
+   7
_____
```

㉚
```
    8
+   1
_____
```

㉛
```
    5
+   2
_____
```

㉜
```
    6
+   0
_____
```

㉝
```
    4
+   8
_____
```

㉞
```
   10
+  10
_____
```

㉟
```
   10
+   6
_____
```

Score		Time		Worksheet 30	Name	

①	②	③	④	⑤	⑥	⑦
0	0	3	3	9	8	7
+ 5	+ 6	+ 9	+ 2	+ 4	+ 10	+ 3

⑧	⑨	⑩	⑪	⑫	⑬	⑭
6	9	4	9	9	1	10
+ 6	+ 8	+ 2	+ 2	+ 3	+ 9	+ 9

⑮	⑯	⑰	⑱	⑲	⑳	㉑
7	1	8	3	10	6	0
+ 0	+ 1	+ 9	+ 10	+ 2	+ 7	+ 10

㉒	㉓	㉔	㉕	㉖	㉗	㉘
6	7	0	4	4	0	8
+ 6	+ 3	+ 2	+ 4	+ 7	+ 0	+ 8

㉙	㉚	㉛	㉜	㉝	㉞	㉟
9	3	4	9	5	0	6
+ 9	+ 4	+ 10	+ 6	+ 0	+ 5	+ 10

①
```
   10
+   7
```

②
```
    4
+   3
```

③
```
    4
+   8
```

④
```
    3
+   5
```

⑤
```
    2
+   7
```

⑥
```
    6
+   6
```

⑦
```
    9
+  10
```

⑧
```
    8
+   6
```

⑨
```
    4
+   5
```

⑩
```
    8
+   5
```

⑪
```
    8
+   8
```

⑫
```
    7
+  10
```

⑬
```
    4
+   6
```

⑭
```
    6
+   9
```

⑮
```
    3
+   6
```

⑯
```
    5
+   9
```

⑰
```
    5
+  10
```

⑱
```
    2
+   7
```

⑲
```
    6
+   3
```

⑳
```
    3
+   6
```

㉑
```
   10
+   8
```

㉒
```
    7
+  10
```

㉓
```
    6
+   7
```

㉔
```
    4
+   9
```

㉕
```
    9
+   5
```

㉖
```
    6
+   3
```

㉗
```
    5
+   4
```

㉘
```
    4
+   2
```

㉙
```
    4
+   6
```

㉚
```
    6
+  10
```

㉛
```
    4
+   3
```

㉜
```
    9
+   3
```

㉝
```
    9
+   5
```

㉞
```
   10
+   7
```

㉟
```
    4
+  10
```

①
```
    4
+   8
----
```

②
```
    7
+   9
----
```

③
```
    9
+   6
----
```

④
```
    2
+   6
----
```

⑤
```
    3
+   5
----
```

⑥
```
    4
+   4
----
```

⑦
```
    8
+   7
----
```

⑧
```
   10
+   8
----
```

⑨
```
    2
+   6
----
```

⑩
```
    3
+   4
----
```

⑪
```
    6
+   2
----
```

⑫
```
    7
+  10
----
```

⑬
```
    3
+  10
----
```

⑭
```
    2
+  10
----
```

⑮
```
    4
+   6
----
```

⑯
```
    7
+   6
----
```

⑰
```
    7
+   2
----
```

⑱
```
    4
+   5
----
```

⑲
```
    8
+   3
----
```

⑳
```
    6
+   3
----
```

㉑
```
    8
+   8
----
```

㉒
```
    2
+   3
----
```

㉓
```
    6
+   3
----
```

㉔
```
    8
+   7
----
```

㉕
```
    7
+   3
----
```

㉖
```
    5
+   8
----
```

㉗
```
    2
+  10
----
```

㉘
```
    5
+   7
----
```

㉙
```
    6
+   6
----
```

㉚
```
    8
+   9
----
```

㉛
```
    6
+  10
----
```

㉜
```
    6
+   7
----
```

㉝
```
    4
+   3
----
```

㉞
```
    5
+   6
----
```

㉟
```
    5
+  10
----
```

①
```
    8
+   5
```

②
```
    9
+  10
```

③
```
    3
+   8
```

④
```
    5
+   4
```

⑤
```
    7
+   6
```

⑥
```
    8
+   5
```

⑦
```
    8
+  10
```

⑧
```
    3
+  10
```

⑨
```
    6
+  10
```

⑩
```
    9
+  10
```

⑪
```
   10
+   8
```

⑫
```
   10
+   8
```

⑬
```
    5
+   5
```

⑭
```
    8
+   7
```

⑮
```
    3
+   4
```

⑯
```
    3
+   7
```

⑰
```
    7
+   4
```

⑱
```
    8
+  10
```

⑲
```
    5
+   2
```

⑳
```
    5
+   9
```

㉑
```
    9
+   4
```

㉒
```
    8
+   7
```

㉓
```
    4
+   2
```

㉔
```
    4
+   9
```

㉕
```
    2
+   5
```

㉖
```
   10
+   5
```

㉗
```
    7
+   7
```

㉘
```
    5
+  10
```

㉙
```
    6
+   5
```

㉚
```
    5
+  10
```

㉛
```
    8
+   8
```

㉜
```
    2
+   8
```

㉝
```
    5
+   4
```

㉞
```
    4
+   3
```

㉟
```
   10
+   9
```

①
```
    4
+   8
____
```

②
```
    4
+   9
____
```

③
```
   10
+   2
____
```

④
```
   10
+   4
____
```

⑤
```
    4
+   9
____
```

⑥
```
    4
+   6
____
```

⑦
```
    5
+   2
____
```

⑧
```
    7
+   9
____
```

⑨
```
    2
+   4
____
```

⑩
```
    8
+   9
____
```

⑪
```
    7
+   9
____
```

⑫
```
    3
+   3
____
```

⑬
```
   10
+   9
____
```

⑭
```
    3
+   5
____
```

⑮
```
    3
+  10
____
```

⑯
```
   10
+   9
____
```

⑰
```
    2
+   6
____
```

⑱
```
    9
+   8
____
```

⑲
```
    6
+   2
____
```

⑳
```
    9
+   3
____
```

㉑
```
    9
+   9
____
```

㉒
```
    3
+   3
____
```

㉓
```
    3
+   6
____
```

㉔
```
    5
+   6
____
```

㉕
```
    2
+  10
____
```

㉖
```
    5
+   9
____
```

㉗
```
    3
+   8
____
```

㉘
```
   10
+   3
____
```

㉙
```
    3
+  10
____
```

㉚
```
    7
+   5
____
```

㉛
```
    6
+   6
____
```

㉜
```
    5
+   6
____
```

㉝
```
   10
+   5
____
```

㉞
```
    6
+   8
____
```

㉟
```
    8
+   5
____
```

Score		Time		Worksheet 35	Name	

①	②	③	④	⑤	⑥	⑦
7	8	5	8	4	4	3
+ 8	+ 5	+ 9	+ 3	+ 9	+ 8	+ 5

⑧	⑨	⑩	⑪	⑫	⑬	⑭
2	7	3	3	2	7	2
+ 10	+ 10	+ 4	+ 10	+ 10	+ 2	+ 3

⑮	⑯	⑰	⑱	⑲	⑳	㉑
4	2	7	10	7	10	4
+ 4	+ 9	+ 5	+ 5	+ 4	+ 7	+ 5

㉒	㉓	㉔	㉕	㉖	㉗	㉘
9	10	10	2	10	8	8
+ 7	+ 2	+ 6	+ 3	+ 2	+ 6	+ 10

㉙	㉚	㉛	㉜	㉝	㉞	㉟
10	7	7	10	10	4	5
+ 6	+ 3	+ 10	+ 10	+ 9	+ 10	+ 7

①
```
    7
+   5
____
```

②
```
    5
+   8
____
```

③
```
    6
+   9
____
```

④
```
    3
+   8
____
```

⑤
```
    6
+  10
____
```

⑥
```
    2
+   6
____
```

⑦
```
    3
+   7
____
```

⑧
```
    3
+   8
____
```

⑨
```
    7
+   5
____
```

⑩
```
    2
+   4
____
```

⑪
```
    3
+  10
____
```

⑫
```
   10
+   9
____
```

⑬
```
    8
+   7
____
```

⑭
```
    5
+   2
____
```

⑮
```
    3
+   3
____
```

⑯
```
    2
+   7
____
```

⑰
```
    3
+   6
____
```

⑱
```
   10
+   9
____
```

⑲
```
    3
+   3
____
```

⑳
```
    6
+   7
____
```

㉑
```
    6
+   6
____
```

㉒
```
    2
+   7
____
```

㉓
```
    5
+   7
____
```

㉔
```
    9
+   2
____
```

㉕
```
    6
+   2
____
```

㉖
```
    9
+   7
____
```

㉗
```
    7
+   6
____
```

㉘
```
    3
+   7
____
```

㉙
```
   10
+   7
____
```

㉚
```
    8
+   9
____
```

㉛
```
    2
+   3
____
```

㉜
```
    3
+  10
____
```

㉝
```
    7
+   9
____
```

㉞
```
    7
+   4
____
```

㉟
```
    3
+  10
____
```

①
   6
+ 7

②
   9
+ 3

③
   6
+ 8

④
   5
+ 8

⑤
   4
+ 10

⑥
   5
+ 3

⑦
   5
+ 9

⑧
   7
+ 3

⑨
   7
+ 7

⑩
   5
+ 6

⑪
   8
+ 7

⑫
   5
+ 2

⑬
   10
+ 7

⑭
   5
+ 8

⑮
   5
+ 5

⑯
   4
+ 6

⑰
   6
+ 8

⑱
   8
+ 4

⑲
   7
+ 3

⑳
   9
+ 4

㉑
   10
+ 8

㉒
   7
+ 7

㉓
   3
+ 3

㉔
   7
+ 2

㉕
   8
+ 9

㉖
   5
+ 4

㉗
   4
+ 3

㉘
   10
+ 7

㉙
   6
+ 7

㉚
   5
+ 6

㉛
   9
+ 5

㉜
   8
+ 9

㉝
   6
+ 10

㉞
   5
+ 8

㉟
   9
+ 10

①
```
    6
+   6
```

②
```
    3
+   4
```

③
```
    7
+   5
```

④
```
    2
+   7
```

⑤
```
    5
+   7
```

⑥
```
    6
+   7
```

⑦
```
   10
+   4
```

⑧
```
    2
+   9
```

⑨
```
    6
+   2
```

⑩
```
    9
+  10
```

⑪
```
    8
+   5
```

⑫
```
    5
+   8
```

⑬
```
    7
+   4
```

⑭
```
   10
+   9
```

⑮
```
    7
+  10
```

⑯
```
    8
+   5
```

⑰
```
    3
+   8
```

⑱
```
   10
+   6
```

⑲
```
   10
+   2
```

⑳
```
    7
+   6
```

㉑
```
    9
+   7
```

㉒
```
    4
+   2
```

㉓
```
    9
+   4
```

㉔
```
    8
+   3
```

㉕
```
    2
+   5
```

㉖
```
    6
+   9
```

㉗
```
    6
+   5
```

㉘
```
    6
+   8
```

㉙
```
    4
+   3
```

㉚
```
    9
+  10
```

㉛
```
    2
+   8
```

㉜
```
    3
+   9
```

㉝
```
    7
+   7
```

㉞
```
    9
+   6
```

㉟
```
    8
+   9
```

①
```
    3
+  10
```

②
```
    2
+   6
```

③
```
    6
+   8
```

④
```
    4
+  10
```

⑤
```
    6
+   7
```

⑥
```
    3
+   8
```

⑦
```
    8
+   7
```

⑧
```
    4
+   3
```

⑨
```
    3
+   4
```

⑩
```
    2
+   4
```

⑪
```
    6
+   9
```

⑫
```
    5
+   4
```

⑬
```
    9
+   2
```

⑭
```
    9
+   6
```

⑮
```
    8
+   9
```

⑯
```
    8
+   3
```

⑰
```
    8
+   6
```

⑱
```
   10
+   2
```

⑲
```
   10
+   8
```

⑳
```
    6
+   4
```

㉑
```
    3
+   2
```

㉒
```
    4
+   8
```

㉓
```
    7
+   9
```

㉔
```
    6
+   3
```

㉕
```
    6
+   9
```

㉖
```
    4
+   9
```

㉗
```
    6
+   6
```

㉘
```
    7
+   8
```

㉙
```
    7
+   7
```

㉚
```
   10
+   8
```

㉛
```
   10
+   5
```

㉜
```
    3
+   9
```

㉝
```
    6
+   7
```

㉞
```
    9
+   6
```

㉟
```
    3
+   5
```

①
```
    6
+  10
____
```

②
```
    9
+   6
____
```

③
```
    6
+   5
____
```

④
```
    5
+   9
____
```

⑤
```
    8
+  10
____
```

⑥
```
    3
+   6
____
```

⑦
```
    6
+   9
____
```

⑧
```
    2
+   8
____
```

⑨
```
    7
+   5
____
```

⑩
```
    2
+   8
____
```

⑪
```
    7
+   7
____
```

⑫
```
   10
+   9
____
```

⑬
```
    4
+  10
____
```

⑭
```
    6
+   6
____
```

⑮
```
    7
+   2
____
```

⑯
```
    8
+   9
____
```

⑰
```
    2
+   8
____
```

⑱
```
    7
+  10
____
```

⑲
```
    9
+   6
____
```

⑳
```
   10
+   4
____
```

㉑
```
    8
+   5
____
```

㉒
```
    7
+   5
____
```

㉓
```
    6
+   7
____
```

㉔
```
    5
+   7
____
```

㉕
```
    2
+   2
____
```

㉖
```
   10
+   4
____
```

㉗
```
    9
+   2
____
```

㉘
```
    8
+  10
____
```

㉙
```
    9
+   3
____
```

㉚
```
    4
+   9
____
```

㉛
```
    9
+   3
____
```

㉜
```
    2
+   8
____
```

㉝
```
    5
+   7
____
```

㉞
```
    3
+   5
____
```

㉟
```
   10
+   4
____
```

①
```
    6
+   2
___
```

②
```
    5
+   4
___
```

③
```
    3
+   5
___
```

④
```
    6
+   2
___
```

⑤
```
    9
+   6
___
```

⑥
```
   10
+   3
___
```

⑦
```
    4
+   9
___
```

⑧
```
    2
+   3
___
```

⑨
```
    8
+   3
___
```

⑩
```
    4
+   6
___
```

⑪
```
    7
+   8
___
```

⑫
```
    5
+   5
___
```

⑬
```
   10
+  10
___
```

⑭
```
    2
+   5
___
```

⑮
```
    4
+   8
___
```

⑯
```
    3
+   4
___
```

⑰
```
    9
+   4
___
```

⑱
```
    3
+   4
___
```

⑲
```
    7
+   4
___
```

⑳
```
    5
+   7
___
```

㉑
```
    3
+   4
___
```

㉒
```
    7
+   4
___
```

㉓
```
    2
+   2
___
```

㉔
```
    6
+   3
___
```

㉕
```
   10
+   6
___
```

㉖
```
    7
+   2
___
```

㉗
```
    7
+   6
___
```

㉘
```
   10
+   4
___
```

㉙
```
    2
+   5
___
```

㉚
```
    6
+  10
___
```

㉛
```
    6
+  10
___
```

㉜
```
    2
+  10
___
```

㉝
```
    2
+   8
___
```

㉞
```
    7
+   5
___
```

㉟
```
    6
+   8
___
```

①
```
    9
+   8
____
```

②
```
    5
+   9
____
```

③
```
    8
+   5
____
```

④
```
    8
+   6
____
```

⑤
```
    8
+  10
____
```

⑥
```
    3
+   6
____
```

⑦
```
   10
+   5
____
```

⑧
```
   10
+   6
____
```

⑨
```
    8
+   7
____
```

⑩
```
    5
+   7
____
```

⑪
```
    7
+   9
____
```

⑫
```
    8
+   8
____
```

⑬
```
    9
+   2
____
```

⑭
```
    6
+  10
____
```

⑮
```
    9
+   8
____
```

⑯
```
    7
+   8
____
```

⑰
```
    6
+  10
____
```

⑱
```
    9
+   9
____
```

⑲
```
   10
+   8
____
```

⑳
```
    7
+  10
____
```

㉑
```
   10
+   8
____
```

㉒
```
    4
+   8
____
```

㉓
```
   10
+   5
____
```

㉔
```
    4
+  10
____
```

㉕
```
    2
+   3
____
```

㉖
```
    5
+   4
____
```

㉗
```
    3
+   8
____
```

㉘
```
    6
+   3
____
```

㉙
```
    7
+   7
____
```

㉚
```
   10
+   4
____
```

㉛
```
    6
+  10
____
```

㉜
```
    3
+   8
____
```

㉝
```
    9
+  10
____
```

㉞
```
    4
+   4
____
```

㉟
```
    5
+   7
____
```

①
```
    9
+   7
___
```

②
```
   10
+   2
___
```

③
```
    7
+   5
___
```

④
```
    5
+   3
___
```

⑤
```
    8
+   3
___
```

⑥
```
    7
+   7
___
```

⑦
```
    9
+   5
___
```

⑧
```
    3
+   3
___
```

⑨
```
    9
+   8
___
```

⑩
```
    3
+   6
___
```

⑪
```
    3
+   3
___
```

⑫
```
    9
+   5
___
```

⑬
```
   10
+   4
___
```

⑭
```
    7
+   6
___
```

⑮
```
   10
+   7
___
```

⑯
```
    3
+   9
___
```

⑰
```
   10
+   7
___
```

⑱
```
    9
+   4
___
```

⑲
```
    9
+   3
___
```

⑳
```
    7
+   9
___
```

㉑
```
   10
+  10
___
```

㉒
```
    4
+   6
___
```

㉓
```
    4
+   5
___
```

㉔
```
    7
+   4
___
```

㉕
```
    7
+   9
___
```

㉖
```
    7
+   4
___
```

㉗
```
    9
+   3
___
```

㉘
```
    8
+   7
___
```

㉙
```
    8
+  10
___
```

㉚
```
    6
+   7
___
```

㉛
```
    3
+  10
___
```

㉜
```
   10
+   6
___
```

㉝
```
    3
+   6
___
```

㉞
```
   10
+   7
___
```

㉟
```
    6
+   9
___
```

①
   2
+ 10

②
   9
+ 9

③
   2
+ 2

④
   4
+ 9

⑤
   6
+ 6

⑥
  10
+ 6

⑦
  10
+ 10

⑧
   2
+ 10

⑨
   9
+ 5

⑩
   3
+ 9

⑪
   2
+ 2

⑫
   2
+ 6

⑬
   3
+ 7

⑭
   2
+ 10

⑮
  10
+ 4

⑯
   8
+ 4

⑰
   2
+ 5

⑱
  10
+ 8

⑲
  10
+ 7

⑳
   4
+ 4

㉑
   5
+ 6

㉒
   8
+ 2

㉓
   6
+ 10

㉔
   5
+ 10

㉕
   7
+ 3

㉖
   2
+ 9

㉗
   8
+ 7

㉘
   8
+ 7

㉙
   9
+ 4

㉚
   3
+ 5

㉛
  10
+ 10

㉜
   7
+ 9

㉝
   8
+ 9

㉞
   3
+ 5

㉟
   5
+ 8

①
$$\begin{array}{r} 2 \\ + \ 2 \\ \hline \end{array}$$

②
$$\begin{array}{r} 2 \\ + \ 9 \\ \hline \end{array}$$

③
$$\begin{array}{r} 9 \\ + \ 2 \\ \hline \end{array}$$

④
$$\begin{array}{r} 8 \\ + \ 7 \\ \hline \end{array}$$

⑤
$$\begin{array}{r} 9 \\ + \ 7 \\ \hline \end{array}$$

⑥
$$\begin{array}{r} 3 \\ + \ 6 \\ \hline \end{array}$$

⑦
$$\begin{array}{r} 8 \\ + \ 7 \\ \hline \end{array}$$

⑧
$$\begin{array}{r} 9 \\ + \ 4 \\ \hline \end{array}$$

⑨
$$\begin{array}{r} 7 \\ + \ 8 \\ \hline \end{array}$$

⑩
$$\begin{array}{r} 9 \\ + \ 4 \\ \hline \end{array}$$

⑪
$$\begin{array}{r} 10 \\ + \ 7 \\ \hline \end{array}$$

⑫
$$\begin{array}{r} 3 \\ + \ 9 \\ \hline \end{array}$$

⑬
$$\begin{array}{r} 2 \\ + \ 2 \\ \hline \end{array}$$

⑭
$$\begin{array}{r} 10 \\ + \ 10 \\ \hline \end{array}$$

⑮
$$\begin{array}{r} 9 \\ + \ 3 \\ \hline \end{array}$$

⑯
$$\begin{array}{r} 7 \\ + \ 2 \\ \hline \end{array}$$

⑰
$$\begin{array}{r} 3 \\ + \ 3 \\ \hline \end{array}$$

⑱
$$\begin{array}{r} 6 \\ + \ 2 \\ \hline \end{array}$$

⑲
$$\begin{array}{r} 3 \\ + \ 10 \\ \hline \end{array}$$

⑳
$$\begin{array}{r} 7 \\ + \ 2 \\ \hline \end{array}$$

㉑
$$\begin{array}{r} 6 \\ + \ 7 \\ \hline \end{array}$$

㉒
$$\begin{array}{r} 3 \\ + \ 7 \\ \hline \end{array}$$

㉓
$$\begin{array}{r} 6 \\ + \ 6 \\ \hline \end{array}$$

㉔
$$\begin{array}{r} 4 \\ + \ 5 \\ \hline \end{array}$$

㉕
$$\begin{array}{r} 6 \\ + \ 4 \\ \hline \end{array}$$

㉖
$$\begin{array}{r} 8 \\ + \ 2 \\ \hline \end{array}$$

㉗
$$\begin{array}{r} 7 \\ + \ 5 \\ \hline \end{array}$$

㉘
$$\begin{array}{r} 10 \\ + \ 9 \\ \hline \end{array}$$

㉙
$$\begin{array}{r} 7 \\ + \ 7 \\ \hline \end{array}$$

㉚
$$\begin{array}{r} 5 \\ + \ 3 \\ \hline \end{array}$$

㉛
$$\begin{array}{r} 6 \\ + \ 4 \\ \hline \end{array}$$

㉜
$$\begin{array}{r} 3 \\ + \ 6 \\ \hline \end{array}$$

㉝
$$\begin{array}{r} 4 \\ + \ 10 \\ \hline \end{array}$$

㉞
$$\begin{array}{r} 10 \\ + \ 3 \\ \hline \end{array}$$

㉟
$$\begin{array}{r} 9 \\ + \ 7 \\ \hline \end{array}$$

①
```
    2
+   9
____
```

②
```
    5
+   9
____
```

③
```
    5
+   3
____
```

④
```
    5
+   3
____
```

⑤
```
    9
+   2
____
```

⑥
```
    2
+  10
____
```

⑦
```
    2
+   9
____
```

⑧
```
   10
+   2
____
```

⑨
```
    3
+   5
____
```

⑩
```
    6
+   8
____
```

⑪
```
    4
+   4
____
```

⑫
```
    6
+  10
____
```

⑬
```
    2
+   9
____
```

⑭
```
    7
+   7
____
```

⑮
```
   10
+   9
____
```

⑯
```
    8
+   9
____
```

⑰
```
    8
+   3
____
```

⑱
```
    3
+   4
____
```

⑲
```
   10
+  10
____
```

⑳
```
    4
+   7
____
```

㉑
```
    9
+   7
____
```

㉒
```
    4
+   5
____
```

㉓
```
    2
+   4
____
```

㉔
```
    4
+   2
____
```

㉕
```
   10
+  10
____
```

㉖
```
   10
+   8
____
```

㉗
```
    9
+   3
____
```

㉘
```
    8
+  10
____
```

㉙
```
    7
+   9
____
```

㉚
```
    2
+   7
____
```

㉛
```
    7
+   6
____
```

㉜
```
    7
+   3
____
```

㉝
```
    5
+   5
____
```

㉞
```
    6
+   8
____
```

㉟
```
    6
+   5
____
```

①
```
    7
+   8
```

②
```
    5
+   7
```

③
```
    4
+  10
```

④
```
    5
+   3
```

⑤
```
    2
+   5
```

⑥
```
    7
+  10
```

⑦
```
    8
+   6
```

⑧
```
    5
+   9
```

⑨
```
    3
+   7
```

⑩
```
    9
+   2
```

⑪
```
    8
+   6
```

⑫
```
    4
+   2
```

⑬
```
    6
+   4
```

⑭
```
    6
+  10
```

⑮
```
    8
+   6
```

⑯
```
    2
+  10
```

⑰
```
    9
+   2
```

⑱
```
    5
+   2
```

⑲
```
    7
+  10
```

⑳
```
    9
+   7
```

㉑
```
    3
+   4
```

㉒
```
    7
+   6
```

㉓
```
    6
+   9
```

㉔
```
    8
+   6
```

㉕
```
    5
+   5
```

㉖
```
    7
+   4
```

㉗
```
    5
+   4
```

㉘
```
    4
+   7
```

㉙
```
    2
+   2
```

㉚
```
    6
+   7
```

㉛
```
    4
+   8
```

㉜
```
    5
+  10
```

㉝
```
   10
+   6
```

㉞
```
    8
+   5
```

㉟
```
    5
+   6
```

①
```
    10
+    4
_____
```

②
```
     8
+    4
_____
```

③
```
    10
+    5
_____
```

④
```
     3
+   10
_____
```

⑤
```
     4
+    8
_____
```

⑥
```
     7
+    4
_____
```

⑦
```
     9
+    6
_____
```

⑧
```
     6
+   10
_____
```

⑨
```
    10
+   10
_____
```

⑩
```
     7
+    7
_____
```

⑪
```
     5
+   10
_____
```

⑫
```
     4
+    2
_____
```

⑬
```
     5
+    3
_____
```

⑭
```
     7
+    5
_____
```

⑮
```
     7
+    9
_____
```

⑯
```
     6
+    7
_____
```

⑰
```
     6
+    3
_____
```

⑱
```
     8
+    4
_____
```

⑲
```
     5
+    6
_____
```

⑳
```
     4
+   10
_____
```

㉑
```
     4
+    9
_____
```

㉒
```
     8
+    8
_____
```

㉓
```
     2
+    8
_____
```

㉔
```
     2
+    9
_____
```

㉕
```
     9
+    7
_____
```

㉖
```
     9
+    2
_____
```

㉗
```
     4
+    5
_____
```

㉘
```
     6
+    2
_____
```

㉙
```
     9
+    6
_____
```

㉚
```
     3
+    4
_____
```

㉛
```
     3
+    7
_____
```

㉜
```
     9
+   10
_____
```

㉝
```
     7
+    3
_____
```

㉞
```
     3
+   10
_____
```

㉟
```
     8
+   10
_____
```

①
```
    2
+   5
_____
```

②
```
    6
+  10
_____
```

③
```
    5
+   6
_____
```

④
```
    5
+   9
_____
```

⑤
```
    2
+   6
_____
```

⑥
```
    2
+   5
_____
```

⑦
```
    6
+   2
_____
```

⑧
```
    9
+   3
_____
```

⑨
```
    6
+   7
_____
```

⑩
```
    4
+   4
_____
```

⑪
```
    2
+   7
_____
```

⑫
```
    7
+   8
_____
```

⑬
```
    2
+   5
_____
```

⑭
```
    5
+   2
_____
```

⑮
```
    4
+   2
_____
```

⑯
```
    7
+   8
_____
```

⑰
```
    9
+   6
_____
```

⑱
```
    9
+   4
_____
```

⑲
```
    4
+   7
_____
```

⑳
```
    6
+   2
_____
```

㉑
```
    6
+   7
_____
```

㉒
```
    7
+   3
_____
```

㉓
```
    9
+   2
_____
```

㉔
```
    5
+   4
_____
```

㉕
```
    4
+   8
_____
```

㉖
```
    6
+   4
_____
```

㉗
```
    5
+   6
_____
```

㉘
```
    3
+   4
_____
```

㉙
```
    9
+   8
_____
```

㉚
```
    8
+   6
_____
```

㉛
```
    8
+   6
_____
```

㉜
```
   10
+   7
_____
```

㉝
```
    4
+   7
_____
```

㉞
```
    7
+   8
_____
```

㉟
```
    8
+   3
_____
```

①
```
    4
+   7
____
```

②
```
    8
+  10
____
```

③
```
    9
+   4
____
```

④
```
   10
+   2
____
```

⑤
```
    9
+   8
____
```

⑥
```
    4
+   3
____
```

⑦
```
    7
+   5
____
```

⑧
```
    9
+   4
____
```

⑨
```
    4
+  10
____
```

⑩
```
    3
+   3
____
```

⑪
```
    3
+   9
____
```

⑫
```
    9
+  10
____
```

⑬
```
    9
+   7
____
```

⑭
```
    9
+   4
____
```

⑮
```
    3
+  10
____
```

⑯
```
    9
+  10
____
```

⑰
```
    5
+   7
____
```

⑱
```
    7
+   9
____
```

⑲
```
    9
+   6
____
```

⑳
```
    6
+   4
____
```

㉑
```
    3
+   3
____
```

㉒
```
    3
+   9
____
```

㉓
```
   10
+   7
____
```

㉔
```
    4
+   3
____
```

㉕
```
    4
+   9
____
```

㉖
```
    9
+   2
____
```

㉗
```
    7
+   7
____
```

㉘
```
    3
+   8
____
```

㉙
```
    8
+   5
____
```

㉚
```
    5
+   4
____
```

㉛
```
    7
+   7
____
```

㉜
```
    4
+   9
____
```

㉝
```
    3
+   3
____
```

㉞
```
    3
+  10
____
```

㉟
```
    5
+   6
____
```

①
```
  11
+  7
```

②
```
   3
+ 11
```

③
```
  11
+  6
```

④
```
  20
+ 11
```

⑤
```
  11
+ 13
```

⑥
```
  19
+ 11
```

⑦
```
  11
+  9
```

⑧
```
  17
+ 11
```

⑨
```
  11
+  1
```

⑩
```
  15
+ 11
```

⑪
```
  11
+ 11
```

⑫
```
   1
+ 11
```

⑬
```
  11
+ 17
```

⑭
```
  10
+ 11
```

⑮
```
  11
+ 18
```

⑯
```
  17
+ 11
```

⑰
```
  11
+ 12
```

⑱
```
  13
+ 11
```

⑲
```
  11
+ 11
```

⑳
```
   4
+ 11
```

㉑
```
  11
+ 12
```

㉒
```
  13
+ 11
```

㉓
```
  11
+ 11
```

㉔
```
  11
+ 11
```

㉕
```
  11
+  1
```

㉖
```
   9
+ 11
```

㉗
```
  11
+ 16
```

㉘
```
  10
+ 11
```

㉙
```
  11
+  5
```

㉚
```
   5
+ 11
```

㉛
```
  11
+ 18
```

㉜
```
   9
+ 11
```

㉝
```
  11
+  8
```

㉞
```
   0
+ 11
```

㉟
```
  11
+ 20
```

①
```
    11
+   13
```

②
```
     4
+   11
```

③
```
    11
+   17
```

④
```
    10
+   11
```

⑤
```
    11
+    3
```

⑥
```
    19
+   11
```

⑦
```
    11
+    1
```

⑧
```
    20
+   11
```

⑨
```
    11
+    6
```

⑩
```
    17
+   11
```

⑪
```
    11
+    0
```

⑫
```
    11
+   11
```

⑬
```
    11
+   16
```

⑭
```
    11
+   11
```

⑮
```
    11
+   14
```

⑯
```
    10
+   11
```

⑰
```
    11
+   11
```

⑱
```
     5
+   11
```

⑲
```
    11
+    1
```

⑳
```
     9
+   11
```

㉑
```
    11
+   14
```

㉒
```
     5
+   11
```

㉓
```
    11
+    4
```

㉔
```
    19
+   11
```

㉕
```
    11
+    3
```

㉖
```
     6
+   11
```

㉗
```
    11
+    6
```

㉘
```
    14
+   11
```

㉙
```
    11
+    7
```

㉚
```
     5
+   11
```

㉛
```
    11
+   14
```

㉜
```
     7
+   11
```

㉝
```
    11
+    6
```

㉞
```
     0
+   11
```

㉟
```
    11
+    8
```

①
```
    12
+    6
```

②
```
    14
+   12
```

③
```
    12
+    8
```

④
```
     4
+   12
```

⑤
```
    12
+   19
```

⑥
```
    19
+   12
```

⑦
```
    12
+   11
```

⑧
```
     0
+   12
```

⑨
```
    12
+   18
```

⑩
```
     5
+   12
```

⑪
```
    12
+   13
```

⑫
```
     1
+   12
```

⑬
```
    12
+   15
```

⑭
```
     3
+   12
```

⑮
```
    12
+    8
```

⑯
```
    18
+   12
```

⑰
```
    12
+   14
```

⑱
```
     3
+   12
```

⑲
```
    12
+   18
```

⑳
```
     0
+   12
```

㉑
```
    12
+    3
```

㉒
```
    12
+   12
```

㉓
```
    12
+   17
```

㉔
```
    12
+   12
```

㉕
```
    12
+    3
```

㉖
```
     3
+   12
```

㉗
```
    12
+   20
```

㉘
```
     7
+   12
```

㉙
```
    12
+    4
```

㉚
```
    17
+   12
```

㉛
```
    12
+   12
```

㉜
```
     3
+   12
```

㉝
```
    12
+    2
```

㉞
```
     5
+   12
```

㉟
```
    12
+    6
```

①
```
   12
+   3
```

②
```
    5
+  12
```

③
```
   12
+  12
```

④
```
   17
+  12
```

⑤
```
   12
+   6
```

⑥
```
    0
+  12
```

⑦
```
   12
+   8
```

⑧
```
    0
+  12
```

⑨
```
   12
+  18
```

⑩
```
   12
+  12
```

⑪
```
   12
+   9
```

⑫
```
    9
+  12
```

⑬
```
   12
+   2
```

⑭
```
   19
+  12
```

⑮
```
   12
+   1
```

⑯
```
   15
+  12
```

⑰
```
   12
+  18
```

⑱
```
   19
+  12
```

⑲
```
   12
+   8
```

⑳
```
   18
+  12
```

㉑
```
   12
+  20
```

㉒
```
   18
+  12
```

㉓
```
   12
+  17
```

㉔
```
    2
+  12
```

㉕
```
   12
+   2
```

㉖
```
   12
+  12
```

㉗
```
   12
+  20
```

㉘
```
    6
+  12
```

㉙
```
   12
+   5
```

㉚
```
   10
+  12
```

㉛
```
   12
+  20
```

㉜
```
    6
+  12
```

㉝
```
   12
+  17
```

㉞
```
    6
+  12
```

㉟
```
   12
+   1
```

①
```
    13
 + 17
```

②
```
    20
 + 13
```

③
```
    13
 +  0
```

④
```
    15
 + 13
```

⑤
```
    13
 +  4
```

⑥
```
     1
 + 13
```

⑦
```
    13
 + 20
```

⑧
```
     5
 + 13
```

⑨
```
    13
 + 19
```

⑩
```
     6
 + 13
```

⑪
```
    13
 +  6
```

⑫
```
     3
 + 13
```

⑬
```
    13
 +  8
```

⑭
```
     4
 + 13
```

⑮
```
    13
 + 15
```

⑯
```
    13
 + 13
```

⑰
```
    13
 + 18
```

⑱
```
     1
 + 13
```

⑲
```
    13
 +  1
```

⑳
```
     5
 + 13
```

㉑
```
    13
 +  6
```

㉒
```
     7
 + 13
```

㉓
```
    13
 + 18
```

㉔
```
    12
 + 13
```

㉕
```
    13
 + 16
```

㉖
```
    15
 + 13
```

㉗
```
    13
 + 11
```

㉘
```
    15
 + 13
```

㉙
```
    13
 + 13
```

㉚
```
    10
 + 13
```

㉛
```
    13
 + 10
```

㉜
```
    17
 + 13
```

㉝
```
    13
 + 14
```

㉞
```
     7
 + 13
```

㉟
```
    13
 + 15
```

①
```
    13
+   16
```

②
```
    15
+   13
```

③
```
    13
+    4
```

④
```
    11
+   13
```

⑤
```
    13
+    9
```

⑥
```
     1
+   13
```

⑦
```
    13
+   16
```

⑧
```
    17
+   13
```

⑨
```
    13
+    6
```

⑩
```
     1
+   13
```

⑪
```
    13
+    7
```

⑫
```
    10
+   13
```

⑬
```
    13
+   19
```

⑭
```
    13
+   13
```

⑮
```
    13
+    6
```

⑯
```
     1
+   13
```

⑰
```
    13
+   12
```

⑱
```
    12
+   13
```

⑲
```
    13
+    8
```

⑳
```
     2
+   13
```

㉑
```
    13
+    4
```

㉒
```
    14
+   13
```

㉓
```
    13
+    6
```

㉔
```
     6
+   13
```

㉕
```
    13
+    8
```

㉖
```
    18
+   13
```

㉗
```
    13
+    8
```

㉘
```
    18
+   13
```

㉙
```
    13
+    1
```

㉚
```
    15
+   13
```

㉛
```
    13
+    8
```

㉜
```
    17
+   13
```

㉝
```
    13
+   12
```

㉞
```
     0
+   13
```

㉟
```
    13
+   20
```

①
```
    14
+  18
```

②
```
     9
+  14
```

③
```
    14
+  11
```

④
```
    15
+  14
```

⑤
```
    14
+  19
```

⑥
```
    13
+  14
```

⑦
```
    14
+  20
```

⑧
```
    13
+  14
```

⑨
```
    14
+   7
```

⑩
```
    18
+  14
```

⑪
```
    14
+  18
```

⑫
```
     4
+  14
```

⑬
```
    14
+  11
```

⑭
```
     8
+  14
```

⑮
```
    14
+   9
```

⑯
```
    18
+  14
```

⑰
```
    14
+  13
```

⑱
```
    17
+  14
```

⑲
```
    14
+   6
```

⑳
```
    20
+  14
```

㉑
```
    14
+  12
```

㉒
```
     1
+  14
```

㉓
```
    14
+  11
```

㉔
```
    11
+  14
```

㉕
```
    14
+  12
```

㉖
```
     7
+  14
```

㉗
```
    14
+  17
```

㉘
```
    13
+  14
```

㉙
```
    14
+   7
```

㉚
```
     4
+  14
```

㉛
```
    14
+   4
```

㉜
```
    19
+  14
```

㉝
```
    14
+  17
```

㉞
```
     2
+  14
```

㉟
```
    14
+  13
```

①
```
    14
+    7
```

②
```
    18
+   14
```

③
```
    14
+   14
```

④
```
     2
+   14
```

⑤
```
    14
+   14
```

⑥
```
    11
+   14
```

⑦
```
    14
+    9
```

⑧
```
    18
+   14
```

⑨
```
    14
+   17
```

⑩
```
     4
+   14
```

⑪
```
    14
+    8
```

⑫
```
     8
+   14
```

⑬
```
    14
+    8
```

⑭
```
    16
+   14
```

⑮
```
    14
+    9
```

⑯
```
    10
+   14
```

⑰
```
    14
+   14
```

⑱
```
     1
+   14
```

⑲
```
    14
+    8
```

⑳
```
     4
+   14
```

㉑
```
    14
+   18
```

㉒
```
     2
+   14
```

㉓
```
    14
+    3
```

㉔
```
    16
+   14
```

㉕
```
    14
+    0
```

㉖
```
    13
+   14
```

㉗
```
    14
+   19
```

㉘
```
     2
+   14
```

㉙
```
    14
+   20
```

㉚
```
    16
+   14
```

㉛
```
    14
+   14
```

㉜
```
     0
+   14
```

㉝
```
    14
+   16
```

㉞
```
    13
+   14
```

㉟
```
    14
+    2
```

①
```
    15
+   13
```

②
```
    19
+   15
```

③
```
    15
+   20
```

④
```
    14
+   15
```

⑤
```
    15
+    0
```

⑥
```
    18
+   15
```

⑦
```
    15
+   17
```

⑧
```
    18
+   15
```

⑨
```
    15
+    4
```

⑩
```
    15
+   15
```

⑪
```
    15
+   12
```

⑫
```
     9
+   15
```

⑬
```
    15
+    0
```

⑭
```
     9
+   15
```

⑮
```
    15
+    5
```

⑯
```
     3
+   15
```

⑰
```
    15
+    7
```

⑱
```
    11
+   15
```

⑲
```
    15
+    4
```

⑳
```
     2
+   15
```

㉑
```
    15
+    0
```

㉒
```
    18
+   15
```

㉓
```
    15
+    9
```

㉔
```
    14
+   15
```

㉕
```
    15
+    7
```

㉖
```
     6
+   15
```

㉗
```
    15
+    6
```

㉘
```
     3
+   15
```

㉙
```
    15
+    8
```

㉚
```
     2
+   15
```

㉛
```
    15
+    7
```

㉜
```
     7
+   15
```

㉝
```
    15
+   20
```

㉞
```
    16
+   15
```

㉟
```
    15
+   12
```

①
```
    15
  +  9
```

②
```
     3
  + 15
```

③
```
    15
  +  2
```

④
```
    16
  + 15
```

⑤
```
    15
  +  7
```

⑥
```
     8
  + 15
```

⑦
```
    15
  + 12
```

⑧
```
    15
  + 15
```

⑨
```
    15
  +  4
```

⑩
```
     1
  + 15
```

⑪
```
    15
  + 14
```

⑫
```
    15
  + 15
```

⑬
```
    15
  +  5
```

⑭
```
    15
  + 15
```

⑮
```
    15
  +  6
```

⑯
```
    15
  + 15
```

⑰
```
    15
  + 11
```

⑱
```
     0
  + 15
```

⑲
```
    15
  + 20
```

⑳
```
     1
  + 15
```

㉑
```
    15
  + 13
```

㉒
```
     1
  + 15
```

㉓
```
    15
  + 15
```

㉔
```
     6
  + 15
```

㉕
```
    15
  +  0
```

㉖
```
    11
  + 15
```

㉗
```
    15
  +  9
```

㉘
```
     3
  + 15
```

㉙
```
    15
  + 20
```

㉚
```
     9
  + 15
```

㉛
```
    15
  +  3
```

㉜
```
    20
  + 15
```

㉝
```
    15
  + 18
```

㉞
```
    17
  + 15
```

㉟
```
    15
  + 19
```

①
```
    16
+    6
```

②
```
    13
+   16
```

③
```
    16
+    6
```

④
```
    11
+   16
```

⑤
```
    16
+   18
```

⑥
```
    13
+   16
```

⑦
```
    16
+   18
```

⑧
```
    14
+   16
```

⑨
```
    16
+   16
```

⑩
```
    19
+   16
```

⑪
```
    16
+    6
```

⑫
```
    19
+   16
```

⑬
```
    16
+    7
```

⑭
```
    14
+   16
```

⑮
```
    16
+   19
```

⑯
```
    13
+   16
```

⑰
```
    16
+   16
```

⑱
```
     4
+   16
```

⑲
```
    16
+   15
```

⑳
```
    19
+   16
```

㉑
```
    16
+    2
```

㉒
```
    12
+   16
```

㉓
```
    16
+    5
```

㉔
```
    12
+   16
```

㉕
```
    16
+    5
```

㉖
```
     7
+   16
```

㉗
```
    16
+    3
```

㉘
```
    10
+   16
```

㉙
```
    16
+    9
```

㉚
```
     6
+   16
```

㉛
```
    16
+    7
```

㉜
```
    13
+   16
```

㉝
```
    16
+   18
```

㉞
```
     0
+   16
```

㉟
```
    16
+   12
```

①
```
    16
+   16
```

②
```
    18
+   16
```

③
```
    16
+    1
```

④
```
    12
+   16
```

⑤
```
    16
+   17
```

⑥
```
     4
+   16
```

⑦
```
    16
+    9
```

⑧
```
     8
+   16
```

⑨
```
    16
+    2
```

⑩
```
     9
+   16
```

⑪
```
    16
+   12
```

⑫
```
     4
+   16
```

⑬
```
    16
+   20
```

⑭
```
     6
+   16
```

⑮
```
    16
+    5
```

⑯
```
     5
+   16
```

⑰
```
    16
+   11
```

⑱
```
     9
+   16
```

⑲
```
    16
+   18
```

⑳
```
    11
+   16
```

㉑
```
    16
+    4
```

㉒
```
     6
+   16
```

㉓
```
    16
+   14
```

㉔
```
    11
+   16
```

㉕
```
    16
+    0
```

㉖
```
    11
+   16
```

㉗
```
    16
+    1
```

㉘
```
     8
+   16
```

㉙
```
    16
+   13
```

㉚
```
    14
+   16
```

㉛
```
    16
+   10
```

㉜
```
    15
+   16
```

㉝
```
    16
+   14
```

㉞
```
     2
+   16
```

㉟
```
    16
+   16
```

①
```
    17
  + 11
```

②
```
    20
  + 17
```

③
```
    17
  + 11
```

④
```
     1
  + 17
```

⑤
```
    17
  + 17
```

⑥
```
     7
  + 17
```

⑦
```
    17
  + 10
```

⑧
```
     8
  + 17
```

⑨
```
    17
  + 19
```

⑩
```
     2
  + 17
```

⑪
```
    17
  +  8
```

⑫
```
     3
  + 17
```

⑬
```
    17
  + 12
```

⑭
```
     6
  + 17
```

⑮
```
    17
  + 11
```

⑯
```
    19
  + 17
```

⑰
```
    17
  + 18
```

⑱
```
    17
  + 17
```

⑲
```
    17
  + 15
```

⑳
```
     9
  + 17
```

㉑
```
    17
  +  4
```

㉒
```
    11
  + 17
```

㉓
```
    17
  + 18
```

㉔
```
     9
  + 17
```

㉕
```
    17
  + 18
```

㉖
```
     8
  + 17
```

㉗
```
    17
  + 14
```

㉘
```
    13
  + 17
```

㉙
```
    17
  + 17
```

㉚
```
    13
  + 17
```

㉛
```
    17
  + 13
```

㉜
```
    19
  + 17
```

㉝
```
    17
  + 19
```

㉞
```
    20
  + 17
```

㉟
```
    17
  + 17
```


| Score | | Time | | Worksheet 64 | Name | |

① 17 + 17

② 19 + 17

③ 17 + 11

④ 18 + 17

⑤ 17 + 0

⑥ 14 + 17

⑦ 17 + 17

⑧ 18 + 17

⑨ 17 + 3

⑩ 10 + 17

⑪ 17 + 5

⑫ 14 + 17

⑬ 17 + 6

⑭ 20 + 17

⑮ 17 + 12

⑯ 19 + 17

⑰ 17 + 14

⑱ 16 + 17

⑲ 17 + 13

⑳ 10 + 17

㉑ 17 + 11

㉒ 18 + 17

㉓ 17 + 15

㉔ 5 + 17

㉕ 17 + 13

㉖ 16 + 17

㉗ 17 + 18

㉘ 5 + 17

㉙ 17 + 7

㉚ 13 + 17

㉛ 17 + 6

㉜ 7 + 17

㉝ 17 + 12

㉞ 13 + 17

㉟ 17 + 1

①
```
    18
+   14
```

②
```
     8
+   18
```

③
```
    18
+   15
```

④
```
     6
+   18
```

⑤
```
    18
+   13
```

⑥
```
     6
+   18
```

⑦
```
    18
+   11
```

⑧
```
     8
+   18
```

⑨
```
    18
+    7
```

⑩
```
    20
+   18
```

⑪
```
    18
+   20
```

⑫
```
     9
+   18
```

⑬
```
    18
+    7
```

⑭
```
     1
+   18
```

⑮
```
    18
+   10
```

⑯
```
    10
+   18
```

⑰
```
    18
+    4
```

⑱
```
    18
+   18
```

⑲
```
    18
+    1
```

⑳
```
    11
+   18
```

㉑
```
    18
+   13
```

㉒
```
    17
+   18
```

㉓
```
    18
+   15
```

㉔
```
    14
+   18
```

㉕
```
    18
+   10
```

㉖
```
     3
+   18
```

㉗
```
    18
+   13
```

㉘
```
     1
+   18
```

㉙
```
    18
+   11
```

㉚
```
    16
+   18
```

㉛
```
    18
+   18
```

㉜
```
     7
+   18
```

㉝
```
    18
+    9
```

㉞
```
     5
+   18
```

㉟
```
    18
+    1
```

①
```
    18
+    5
```

②
```
     9
+   18
```

③
```
    18
+   19
```

④
```
    16
+   18
```

⑤
```
    18
+   15
```

⑥
```
    14
+   18
```

⑦
```
    18
+   15
```

⑧
```
    18
+   18
```

⑨
```
    18
+    4
```

⑩
```
     7
+   18
```

⑪
```
    18
+    2
```

⑫
```
    11
+   18
```

⑬
```
    18
+   18
```

⑭
```
     5
+   18
```

⑮
```
    18
+   10
```

⑯
```
    10
+   18
```

⑰
```
    18
+   10
```

⑱
```
    11
+   18
```

⑲
```
    18
+   14
```

⑳
```
     2
+   18
```

㉑
```
    18
+   11
```

㉒
```
    20
+   18
```

㉓
```
    18
+   18
```

㉔
```
    10
+   18
```

㉕
```
    18
+    9
```

㉖
```
    10
+   18
```

㉗
```
    18
+    2
```

㉘
```
    15
+   18
```

㉙
```
    18
+   15
```

㉚
```
    19
+   18
```

㉛
```
    18
+    3
```

㉜
```
     1
+   18
```

㉝
```
    18
+   10
```

㉞
```
    14
+   18
```

㉟
```
    18
+    7
```

①
```
   19
+   3
```

②
```
   20
+  19
```

③
```
   19
+  17
```

④
```
   16
+  19
```

⑤
```
   19
+   9
```

⑥
```
    4
+  19
```

⑦
```
   19
+   3
```

⑧
```
    4
+  19
```

⑨
```
   19
+   0
```

⑩
```
    7
+  19
```

⑪
```
   19
+  20
```

⑫
```
   14
+  19
```

⑬
```
   19
+  17
```

⑭
```
    6
+  19
```

⑮
```
   19
+  16
```

⑯
```
   17
+  19
```

⑰
```
   19
+   0
```

⑱
```
   14
+  19
```

⑲
```
   19
+  20
```

⑳
```
   13
+  19
```

㉑
```
   19
+  15
```

㉒
```
    0
+  19
```

㉓
```
   19
+  12
```

㉔
```
   10
+  19
```

㉕
```
   19
+   9
```

㉖
```
    4
+  19
```

㉗
```
   19
+   4
```

㉘
```
    3
+  19
```

㉙
```
   19
+  13
```

㉚
```
    5
+  19
```

㉛
```
   19
+   5
```

㉜
```
    9
+  19
```

㉝
```
   19
+  10
```

㉞
```
    2
+  19
```

㉟
```
   19
+   0
```

①
```
   19
+   1
```

②
```
    3
+  19
```

③
```
   19
+  12
```

④
```
   13
+  19
```

⑤
```
   19
+  13
```

⑥
```
   10
+  19
```

⑦
```
   19
+   8
```

⑧
```
   17
+  19
```

⑨
```
   19
+   3
```

⑩
```
    9
+  19
```

⑪
```
   19
+  18
```

⑫
```
    6
+  19
```

⑬
```
   19
+   4
```

⑭
```
    4
+  19
```

⑮
```
   19
+  16
```

⑯
```
   16
+  19
```

⑰
```
   19
+   0
```

⑱
```
    2
+  19
```

⑲
```
   19
+   7
```

⑳
```
   20
+  19
```

㉑
```
   19
+  15
```

㉒
```
   15
+  19
```

㉓
```
   19
+   2
```

㉔
```
    5
+  19
```

㉕
```
   19
+   0
```

㉖
```
   11
+  19
```

㉗
```
   19
+  17
```

㉘
```
    9
+  19
```

㉙
```
   19
+   3
```

㉚
```
   20
+  19
```

㉛
```
   19
+   3
```

㉜
```
    0
+  19
```

㉝
```
   19
+   4
```

㉞
```
    4
+  19
```

㉟
```
   19
+  14
```

①
```
   20
+  20
```

②
```
   17
+  20
```

③
```
   20
+   9
```

④
```
    9
+  20
```

⑤
```
   20
+   4
```

⑥
```
   17
+  20
```

⑦
```
   20
+   5
```

⑧
```
    6
+  20
```

⑨
```
   20
+  19
```

⑩
```
   11
+  20
```

⑪
```
   20
+  17
```

⑫
```
   18
+  20
```

⑬
```
   20
+   0
```

⑭
```
   14
+  20
```

⑮
```
   20
+   8
```

⑯
```
    5
+  20
```

⑰
```
   20
+  12
```

⑱
```
   13
+  20
```

⑲
```
   20
+   4
```

⑳
```
    3
+  20
```

㉑
```
   20
+   4
```

㉒
```
    5
+  20
```

㉓
```
   20
+   4
```

㉔
```
    5
+  20
```

㉕
```
   20
+  17
```

㉖
```
   11
+  20
```

㉗
```
   20
+  13
```

㉘
```
    1
+  20
```

㉙
```
   20
+   1
```

㉚
```
   12
+  20
```

㉛
```
   20
+  18
```

㉜
```
   15
+  20
```

㉝
```
   20
+  20
```

㉞
```
    2
+  20
```

㉟
```
   20
+   5
```

①
```
    20
 + 14
```

②
```
    12
 + 20
```

③
```
    20
 + 16
```

④
```
    19
 + 20
```

⑤
```
    20
 + 12
```

⑥
```
    13
 + 20
```

⑦
```
    20
 + 19
```

⑧
```
    19
 + 20
```

⑨
```
    20
 +  9
```

⑩
```
     9
 + 20
```

⑪
```
    20
 +  1
```

⑫
```
     7
 + 20
```

⑬
```
    20
 + 15
```

⑭
```
     1
 + 20
```

⑮
```
    20
 +  7
```

⑯
```
     7
 + 20
```

⑰
```
    20
 +  2
```

⑱
```
     6
 + 20
```

⑲
```
    20
 + 17
```

⑳
```
     3
 + 20
```

㉑
```
    20
 + 10
```

㉒
```
    13
 + 20
```

㉓
```
    20
 + 20
```

㉔
```
     2
 + 20
```

㉕
```
    20
 +  2
```

㉖
```
     9
 + 20
```

㉗
```
    20
 + 15
```

㉘
```
    15
 + 20
```

㉙
```
    20
 +  9
```

㉚
```
     7
 + 20
```

㉛
```
    20
 + 15
```

㉜
```
    19
 + 20
```

㉝
```
    20
 + 14
```

㉞
```
    20
 + 20
```

㉟
```
    20
 +  6
```

① 4 + 5

② 1 + 20

③ 18 + 7

④ 17 + 15

⑤ 15 + 5

⑥ 2 + 9

⑦ 10 + 3

⑧ 12 + 12

⑨ 15 + 4

⑩ 0 + 5

⑪ 10 + 7

⑫ 8 + 1

⑬ 1 + 11

⑭ 11 + 16

⑮ 12 + 20

⑯ 12 + 11

⑰ 15 + 20

⑱ 2 + 9

⑲ 5 + 7

⑳ 6 + 11

㉑ 13 + 15

㉒ 2 + 20

㉓ 20 + 12

㉔ 7 + 8

㉕ 20 + 5

㉖ 1 + 7

㉗ 11 + 11

㉘ 17 + 10

㉙ 5 + 3

㉚ 14 + 16

㉛ 10 + 13

㉜ 14 + 13

㉝ 4 + 15

㉞ 3 + 4

㉟ 18 + 20

① 9 + 4

② 13 + 9

③ 17 + 17

④ 10 + 9

⑤ 11 + 18

⑥ 10 + 7

⑦ 20 + 14

⑧ 13 + 6

⑨ 19 + 4

⑩ 12 + 0

⑪ 18 + 12

⑫ 16 + 9

⑬ 7 + 10

⑭ 8 + 10

⑮ 8 + 1

⑯ 14 + 11

⑰ 20 + 1

⑱ 11 + 12

⑲ 19 + 18

⑳ 13 + 17

㉑ 15 + 13

㉒ 5 + 9

㉓ 12 + 0

㉔ 14 + 14

㉕ 0 + 9

㉖ 15 + 18

㉗ 8 + 16

㉘ 7 + 18

㉙ 12 + 17

㉚ 8 + 10

㉛ 10 + 19

㉜ 14 + 17

㉝ 12 + 19

㉞ 19 + 16

㉟ 6 + 10

①
```
    15
+    6
```

②
```
     5
+   16
```

③
```
    18
+    2
```

④
```
    15
+    6
```

⑤
```
     9
+   15
```

⑥
```
    12
+   14
```

⑦
```
    16
+    8
```

⑧
```
    13
+   15
```

⑨
```
    19
+   20
```

⑩
```
     6
+   16
```

⑪
```
     5
+    6
```

⑫
```
    11
+   18
```

⑬
```
    11
+   17
```

⑭
```
    16
+    8
```

⑮
```
    10
+   13
```

⑯
```
    13
+    3
```

⑰
```
    12
+    9
```

⑱
```
    16
+    1
```

⑲
```
     8
+   13
```

⑳
```
    19
+    8
```

㉑
```
     1
+   10
```

㉒
```
     1
+   19
```

㉓
```
     4
+   20
```

㉔
```
    16
+    6
```

㉕
```
    16
+    4
```

㉖
```
     4
+    6
```

㉗
```
    15
+    8
```

㉘
```
     4
+   16
```

㉙
```
    12
+   14
```

㉚
```
    10
+    1
```

㉛
```
     0
+    2
```

㉜
```
     6
+    7
```

㉝
```
    15
+    8
```

㉞
```
    16
+   13
```

㉟
```
    12
+    9
```

①
```
   17
+  11
```

②
```
    2
+   5
```

③
```
   18
+   7
```

④
```
    8
+  20
```

⑤
```
   11
+  20
```

⑥
```
   17
+   3
```

⑦
```
   16
+  11
```

⑧
```
    9
+   8
```

⑨
```
    2
+  17
```

⑩
```
   20
+  11
```

⑪
```
    8
+   8
```

⑫
```
    5
+  19
```

⑬
```
   11
+  16
```

⑭
```
   20
+   9
```

⑮
```
   19
+   0
```

⑯
```
   13
+   1
```

⑰
```
   10
+   6
```

⑱
```
   18
+   0
```

⑲
```
   12
+   0
```

⑳
```
   16
+   4
```

㉑
```
   13
+  15
```

㉒
```
   10
+  18
```

㉓
```
   19
+  10
```

㉔
```
    3
+   7
```

㉕
```
   10
+   0
```

㉖
```
    8
+  14
```

㉗
```
   14
+  10
```

㉘
```
   19
+   2
```

㉙
```
    8
+   5
```

㉚
```
   11
+  20
```

㉛
```
    5
+   4
```

㉜
```
   18
+   8
```

㉝
```
   14
+  10
```

㉞
```
   18
+  15
```

㉟
```
    9
+   9
```

①
```
   12
+   9
```

②
```
    4
+  18
```

③
```
    7
+  20
```

④
```
    7
+   0
```

⑤
```
    4
+  13
```

⑥
```
   11
+  16
```

⑦
```
    6
+  10
```

⑧
```
    5
+   4
```

⑨
```
    6
+   3
```

⑩
```
    7
+  20
```

⑪
```
    2
+   6
```

⑫
```
   17
+  13
```

⑬
```
   13
+  19
```

⑭
```
   15
+   2
```

⑮
```
   20
+  18
```

⑯
```
   18
+  17
```

⑰
```
   17
+  14
```

⑱
```
   13
+   6
```

⑲
```
    1
+   1
```

⑳
```
    5
+  14
```

㉑
```
   15
+  20
```

㉒
```
   15
+   1
```

㉓
```
    3
+  13
```

㉔
```
    5
+  10
```

㉕
```
    1
+  14
```

㉖
```
    6
+   1
```

㉗
```
   11
+   6
```

㉘
```
    3
+   0
```

㉙
```
    9
+   9
```

㉚
```
   18
+  11
```

㉛
```
   14
+  13
```

㉜
```
   15
+   0
```

㉝
```
    2
+  16
```

㉞
```
   14
+   4
```

㉟
```
    5
+   0
```

①
```
    17
+   13
```

②
```
     7
+   16
```

③
```
    10
+   15
```

④
```
    14
+   12
```

⑤
```
     7
+   15
```

⑥
```
     3
+   11
```

⑦
```
    18
+    3
```

⑧
```
     8
+   14
```

⑨
```
     5
+    2
```

⑩
```
     1
+   15
```

⑪
```
     9
+   14
```

⑫
```
    16
+   12
```

⑬
```
     3
+    0
```

⑭
```
     2
+    9
```

⑮
```
     6
+    0
```

⑯
```
     4
+    9
```

⑰
```
    11
+   14
```

⑱
```
    13
+   13
```

⑲
```
    12
+    5
```

⑳
```
     3
+   17
```

㉑
```
    19
+   13
```

㉒
```
     0
+    4
```

㉓
```
    17
+   14
```

㉔
```
     6
+   13
```

㉕
```
    16
+    5
```

㉖
```
     3
+   18
```

㉗
```
     9
+   14
```

㉘
```
     1
+    6
```

㉙
```
    15
+    0
```

㉚
```
     0
+    9
```

㉛
```
    18
+   14
```

㉜
```
    14
+    6
```

㉝
```
    19
+    1
```

㉞
```
    15
+    4
```

㉟
```
    14
+   16
```

①
```
   10
+  10
```

②
```
   14
+   4
```

③
```
   14
+   1
```

④
```
   13
+   1
```

⑤
```
    0
+  16
```

⑥
```
    7
+   8
```

⑦
```
   12
+  12
```

⑧
```
   19
+   3
```

⑨
```
    2
+   5
```

⑩
```
   16
+   3
```

⑪
```
    4
+  12
```

⑫
```
    0
+   1
```

⑬
```
   18
+   3
```

⑭
```
   19
+  14
```

⑮
```
    0
+   4
```

⑯
```
   14
+   0
```

⑰
```
   14
+   1
```

⑱
```
    4
+  16
```

⑲
```
    2
+  13
```

⑳
```
   12
+   6
```

㉑
```
   20
+  17
```

㉒
```
   13
+  12
```

㉓
```
    4
+   5
```

㉔
```
    6
+  18
```

㉕
```
    8
+   2
```

㉖
```
    6
+   1
```

㉗
```
    0
+   5
```

㉘
```
   11
+   0
```

㉙
```
    3
+   0
```

㉚
```
    2
+   6
```

㉛
```
    5
+   2
```

㉜
```
   10
+  14
```

㉝
```
   12
+  11
```

㉞
```
    7
+   7
```

㉟
```
    8
+  15
```

①
```
    10
+   14
```

②
```
    10
+    8
```

③
```
    19
+   11
```

④
```
    11
+    7
```

⑤
```
    18
+    6
```

⑥
```
     5
+   16
```

⑦
```
    19
+    5
```

⑧
```
     3
+   12
```

⑨
```
    14
+   16
```

⑩
```
     0
+   16
```

⑪
```
    17
+   13
```

⑫
```
    10
+   15
```

⑬
```
    16
+    7
```

⑭
```
    18
+   13
```

⑮
```
     9
+    6
```

⑯
```
     1
+    3
```

⑰
```
    10
+   17
```

⑱
```
    15
+   13
```

⑲
```
    11
+    7
```

⑳
```
    18
+   12
```

㉑
```
     9
+   11
```

㉒
```
     2
+    1
```

㉓
```
     5
+    1
```

㉔
```
    14
+   20
```

㉕
```
    18
+   16
```

㉖
```
    13
+   11
```

㉗
```
     7
+    9
```

㉘
```
    15
+    6
```

㉙
```
     9
+    2
```

㉚
```
    18
+   20
```

㉛
```
     4
+   16
```

㉜
```
    15
+   11
```

㉝
```
    13
+   10
```

㉞
```
    10
+    1
```

㉟
```
    11
+    2
```

①
```
      1
  +   9
```

②
```
     13
  +   3
```

③
```
      9
  +  14
```

④
```
     19
  +  14
```

⑤
```
      6
  +  18
```

⑥
```
      5
  +  20
```

⑦
```
     11
  +  18
```

⑧
```
     19
  +   6
```

⑨
```
      3
  +  19
```

⑩
```
      8
  +   8
```

⑪
```
     17
  +   3
```

⑫
```
     18
  +   7
```

⑬
```
      0
  +  19
```

⑭
```
      4
  +   5
```

⑮
```
      9
  +   7
```

⑯
```
     18
  +  12
```

⑰
```
      7
  +  16
```

⑱
```
      5
  +  17
```

⑲
```
      5
  +   7
```

⑳
```
     14
  +  16
```

㉑
```
      8
  +   5
```

㉒
```
     15
  +  15
```

㉓
```
     19
  +   5
```

㉔
```
      3
  +   3
```

㉕
```
     14
  +  12
```

㉖
```
      8
  +  20
```

㉗
```
      9
  +   6
```

㉘
```
     17
  +   8
```

㉙
```
      2
  +   8
```

㉚
```
     10
  +  19
```

㉛
```
     12
  +  12
```

㉜
```
      1
  +   1
```

㉝
```
     16
  +  11
```

㉞
```
      7
  +   2
```

㉟
```
     16
  +  16
```

①
```
    5
+  17
```

②
```
    8
+  10
```

③
```
    0
+  18
```

④
```
   10
+   5
```

⑤
```
    0
+  14
```

⑥
```
    2
+   2
```

⑦
```
    9
+   7
```

⑧
```
    4
+  11
```

⑨
```
    2
+  16
```

⑩
```
    6
+   1
```

⑪
```
   15
+  18
```

⑫
```
    7
+  10
```

⑬
```
    9
+  11
```

⑭
```
    8
+   4
```

⑮
```
   12
+  11
```

⑯
```
   15
+  13
```

⑰
```
   11
+   4
```

⑱
```
   17
+   5
```

⑲
```
    8
+   8
```

⑳
```
   15
+  13
```

㉑
```
    6
+   1
```

㉒
```
   12
+  18
```

㉓
```
   10
+   3
```

㉔
```
   10
+  12
```

㉕
```
    1
+   1
```

㉖
```
   17
+   4
```

㉗
```
    9
+  14
```

㉘
```
    2
+   4
```

㉙
```
   12
+  18
```

㉚
```
   13
+  10
```

㉛
```
   17
+  14
```

㉜
```
    8
+   3
```

㉝
```
   16
+  17
```

㉞
```
   20
+  18
```

㉟
```
    7
+  10
```

①
```
   11
+   4
```

②
```
   12
+  19
```

③
```
   18
+  10
```

④
```
   18
+  17
```

⑤
```
   20
+   7
```

⑥
```
    8
+  11
```

⑦
```
    9
+  18
```

⑧
```
   15
+  20
```

⑨
```
   15
+  19
```

⑩
```
   15
+  20
```

⑪
```
    9
+  14
```

⑫
```
    4
+  18
```

⑬
```
   20
+   2
```

⑭
```
    4
+  14
```

⑮
```
   13
+  12
```

⑯
```
   13
+   7
```

⑰
```
    8
+   8
```

⑱
```
   11
+   8
```

⑲
```
    4
+  11
```

⑳
```
   15
+  18
```

㉑
```
    3
+  15
```

㉒
```
    2
+   5
```

㉓
```
   15
+  19
```

㉔
```
    5
+   8
```

㉕
```
   18
+  20
```

㉖
```
    7
+   8
```

㉗
```
    5
+   9
```

㉘
```
    3
+  15
```

㉙
```
   20
+   9
```

㉚
```
   16
+  19
```

㉛
```
    9
+   9
```

㉜
```
   15
+  17
```

㉝
```
    9
+   7
```

㉞
```
    9
+   3
```

㉟
```
   13
+   4
```

①
```
    3
+  12
```

②
```
   20
+   9
```

③
```
    8
+   6
```

④
```
   20
+  16
```

⑤
```
    8
+  15
```

⑥
```
    3
+   9
```

⑦
```
    4
+  13
```

⑧
```
    7
+  13
```

⑨
```
   14
+  15
```

⑩
```
    4
+  16
```

⑪
```
   13
+  12
```

⑫
```
    5
+  15
```

⑬
```
   12
+  18
```

⑭
```
   11
+  16
```

⑮
```
   17
+  20
```

⑯
```
    4
+  10
```

⑰
```
    3
+  20
```

⑱
```
    3
+   9
```

⑲
```
   17
+   9
```

⑳
```
    2
+  18
```

㉑
```
   14
+   4
```

㉒
```
    2
+   6
```

㉓
```
    6
+  14
```

㉔
```
   16
+  18
```

㉕
```
   19
+  15
```

㉖
```
   17
+   2
```

㉗
```
    7
+  13
```

㉘
```
   17
+   8
```

㉙
```
    5
+  20
```

㉚
```
   11
+   2
```

㉛
```
    4
+  10
```

㉜
```
   16
+   7
```

㉝
```
    9
+  10
```

㉞
```
   13
+  19
```

㉟
```
    6
+   7
```

①
```
   15
+   4
```

②
```
   11
+   4
```

③
```
   13
+  18
```

④
```
   16
+   8
```

⑤
```
   10
+  20
```

⑥
```
    2
+  14
```

⑦
```
    3
+  10
```

⑧
```
    7
+  10
```

⑨
```
    9
+  20
```

⑩
```
   19
+  19
```

⑪
```
   11
+  18
```

⑫
```
   16
+   3
```

⑬
```
   16
+  17
```

⑭
```
   19
+   6
```

⑮
```
    8
+  12
```

⑯
```
   13
+  12
```

⑰
```
   18
+  13
```

⑱
```
    3
+  17
```

⑲
```
   11
+  20
```

⑳
```
    3
+  17
```

㉑
```
   13
+  17
```

㉒
```
   20
+  17
```

㉓
```
   20
+   8
```

㉔
```
    7
+   9
```

㉕
```
    7
+  17
```

㉖
```
    7
+  20
```

㉗
```
   10
+   9
```

㉘
```
   15
+   8
```

㉙
```
   11
+   5
```

㉚
```
    4
+  14
```

㉛
```
   15
+  18
```

㉜
```
   13
+   9
```

㉝
```
   20
+   9
```

㉞
```
   20
+   4
```

㉟
```
    5
+   8
```

①
```
    20
 +   6
```

②
```
    15
 +  15
```

③
```
    14
 +  11
```

④
```
    18
 +   5
```

⑤
```
    11
 +  16
```

⑥
```
     2
 +   7
```

⑦
```
     8
 +   6
```

⑧
```
     8
 +   2
```

⑨
```
    12
 +   4
```

⑩
```
    15
 +  13
```

⑪
```
     4
 +  13
```

⑫
```
     5
 +  16
```

⑬
```
    11
 +   4
```

⑭
```
     8
 +  20
```

⑮
```
    17
 +  12
```

⑯
```
    15
 +  18
```

⑰
```
    15
 +   3
```

⑱
```
     3
 +  15
```

⑲
```
     3
 +   7
```

⑳
```
    14
 +  18
```

㉑
```
    17
 +  14
```

㉒
```
     5
 +  12
```

㉓
```
     4
 +  13
```

㉔
```
    10
 +  15
```

㉕
```
    14
 +  13
```

㉖
```
    15
 +  13
```

㉗
```
     5
 +  13
```

㉘
```
    17
 +  11
```

㉙
```
    17
 +  13
```

㉚
```
    18
 +   9
```

㉛
```
     9
 +   4
```

㉜
```
     7
 +  15
```

㉝
```
    12
 +   4
```

㉞
```
     8
 +  14
```

㉟
```
    17
 +  17
```

①
```
    19
+   12
```

②
```
    20
+    9
```

③
```
    16
+    2
```

④
```
     5
+   15
```

⑤
```
    12
+   18
```

⑥
```
     7
+    4
```

⑦
```
     9
+   19
```

⑧
```
     5
+   13
```

⑨
```
    13
+   14
```

⑩
```
    19
+    4
```

⑪
```
    15
+   12
```

⑫
```
     9
+   16
```

⑬
```
    17
+    3
```

⑭
```
    17
+    5
```

⑮
```
    19
+   20
```

⑯
```
    13
+    9
```

⑰
```
    19
+    3
```

⑱
```
    13
+   15
```

⑲
```
    11
+   18
```

⑳
```
    13
+    7
```

㉑
```
    12
+    7
```

㉒
```
     7
+   20
```

㉓
```
    16
+    6
```

㉔
```
    14
+   19
```

㉕
```
    10
+   17
```

㉖
```
    10
+    6
```

㉗
```
    19
+    2
```

㉘
```
     3
+   17
```

㉙
```
     4
+   11
```

㉚
```
    14
+    6
```

㉛
```
    17
+    4
```

㉜
```
    17
+   14
```

㉝
```
     7
+   11
```

㉞
```
    18
+    8
```

㉟
```
    13
+    9
```

①
```
     6
 +   8
_____
```

②
```
     9
 +   4
_____
```

③
```
     4
 +  16
_____
```

④
```
    10
 +  13
_____
```

⑤
```
    14
 +   4
_____
```

⑥
```
    12
 +  11
_____
```

⑦
```
    10
 +   5
_____
```

⑧
```
     7
 +   4
_____
```

⑨
```
    16
 +  19
_____
```

⑩
```
    11
 +  16
_____
```

⑪
```
     4
 +   8
_____
```

⑫
```
     6
 +  10
_____
```

⑬
```
    14
 +   5
_____
```

⑭
```
    14
 +  12
_____
```

⑮
```
    18
 +  13
_____
```

⑯
```
     9
 +  10
_____
```

⑰
```
     7
 +   9
_____
```

⑱
```
     4
 +   6
_____
```

⑲
```
     8
 +  13
_____
```

⑳
```
    20
 +  17
_____
```

㉑
```
    12
 +   8
_____
```

㉒
```
     9
 +   3
_____
```

㉓
```
     8
 +  10
_____
```

㉔
```
     3
 +  20
_____
```

㉕
```
    16
 +  14
_____
```

㉖
```
    11
 +  19
_____
```

㉗
```
     5
 +  18
_____
```

㉘
```
     7
 +   9
_____
```

㉙
```
     4
 +   7
_____
```

㉚
```
    12
 +   9
_____
```

㉛
```
    16
 +   8
_____
```

㉜
```
    15
 +  16
_____
```

㉝
```
    18
 +   3
_____
```

㉞
```
    15
 +   6
_____
```

㉟
```
    13
 +  16
_____
```

①
```
    4
+   7
```

②
```
    9
+   3
```

③
```
   13
+  10
```

④
```
   12
+  16
```

⑤
```
    8
+  12
```

⑥
```
   19
+  13
```

⑦
```
   20
+   8
```

⑧
```
    8
+   7
```

⑨
```
    2
+  10
```

⑩
```
   20
+  20
```

⑪
```
   19
+  14
```

⑫
```
   18
+   5
```

⑬
```
   14
+   6
```

⑭
```
   11
+  10
```

⑮
```
   18
+   4
```

⑯
```
    3
+  18
```

⑰
```
   20
+  17
```

⑱
```
   12
+   8
```

⑲
```
   20
+  16
```

⑳
```
   15
+  13
```

㉑
```
    9
+  10
```

㉒
```
    3
+  14
```

㉓
```
    7
+  11
```

㉔
```
    8
+  13
```

㉕
```
   17
+   5
```

㉖
```
   19
+  19
```

㉗
```
    2
+   8
```

㉘
```
   13
+  10
```

㉙
```
   14
+  20
```

㉚
```
   14
+  20
```

㉛
```
   10
+   9
```

㉜
```
    5
+   6
```

㉝
```
   18
+  11
```

㉞
```
    2
+  13
```

㉟
```
   20
+  20
```

①
$$\begin{array}{r} 13 \\ + 4 \\ \hline \end{array}$$

②
$$\begin{array}{r} 10 \\ + 12 \\ \hline \end{array}$$

③
$$\begin{array}{r} 3 \\ + 5 \\ \hline \end{array}$$

④
$$\begin{array}{r} 4 \\ + 10 \\ \hline \end{array}$$

⑤
$$\begin{array}{r} 9 \\ + 18 \\ \hline \end{array}$$

⑥
$$\begin{array}{r} 10 \\ + 7 \\ \hline \end{array}$$

⑦
$$\begin{array}{r} 16 \\ + 11 \\ \hline \end{array}$$

⑧
$$\begin{array}{r} 6 \\ + 13 \\ \hline \end{array}$$

⑨
$$\begin{array}{r} 8 \\ + 15 \\ \hline \end{array}$$

⑩
$$\begin{array}{r} 2 \\ + 16 \\ \hline \end{array}$$

⑪
$$\begin{array}{r} 5 \\ + 15 \\ \hline \end{array}$$

⑫
$$\begin{array}{r} 4 \\ + 10 \\ \hline \end{array}$$

⑬
$$\begin{array}{r} 6 \\ + 9 \\ \hline \end{array}$$

⑭
$$\begin{array}{r} 13 \\ + 8 \\ \hline \end{array}$$

⑮
$$\begin{array}{r} 16 \\ + 9 \\ \hline \end{array}$$

⑯
$$\begin{array}{r} 15 \\ + 14 \\ \hline \end{array}$$

⑰
$$\begin{array}{r} 13 \\ + 10 \\ \hline \end{array}$$

⑱
$$\begin{array}{r} 17 \\ + 8 \\ \hline \end{array}$$

⑲
$$\begin{array}{r} 11 \\ + 4 \\ \hline \end{array}$$

⑳
$$\begin{array}{r} 12 \\ + 2 \\ \hline \end{array}$$

㉑
$$\begin{array}{r} 5 \\ + 14 \\ \hline \end{array}$$

㉒
$$\begin{array}{r} 9 \\ + 14 \\ \hline \end{array}$$

㉓
$$\begin{array}{r} 8 \\ + 10 \\ \hline \end{array}$$

㉔
$$\begin{array}{r} 3 \\ + 5 \\ \hline \end{array}$$

㉕
$$\begin{array}{r} 19 \\ + 18 \\ \hline \end{array}$$

㉖
$$\begin{array}{r} 9 \\ + 3 \\ \hline \end{array}$$

㉗
$$\begin{array}{r} 10 \\ + 18 \\ \hline \end{array}$$

㉘
$$\begin{array}{r} 11 \\ + 12 \\ \hline \end{array}$$

㉙
$$\begin{array}{r} 20 \\ + 17 \\ \hline \end{array}$$

㉚
$$\begin{array}{r} 15 \\ + 13 \\ \hline \end{array}$$

㉛
$$\begin{array}{r} 11 \\ + 8 \\ \hline \end{array}$$

㉜
$$\begin{array}{r} 7 \\ + 13 \\ \hline \end{array}$$

㉝
$$\begin{array}{r} 3 \\ + 11 \\ \hline \end{array}$$

㉞
$$\begin{array}{r} 7 \\ + 17 \\ \hline \end{array}$$

㉟
$$\begin{array}{r} 5 \\ + 14 \\ \hline \end{array}$$

①
```
    17
+    9
_____
```

②
```
    14
+    6
_____
```

③
```
     8
+    9
_____
```

④
```
     9
+   11
_____
```

⑤
```
    18
+   18
_____
```

⑥
```
     6
+    7
_____
```

⑦
```
    10
+   10
_____
```

⑧
```
    17
+    4
_____
```

⑨
```
     7
+    4
_____
```

⑩
```
     8
+    9
_____
```

⑪
```
    18
+    8
_____
```

⑫
```
     2
+   14
_____
```

⑬
```
    12
+   19
_____
```

⑭
```
    17
+   15
_____
```

⑮
```
    15
+   20
_____
```

⑯
```
    18
+    4
_____
```

⑰
```
    13
+   10
_____
```

⑱
```
     8
+    7
_____
```

⑲
```
    16
+   20
_____
```

⑳
```
    12
+   11
_____
```

㉑
```
    13
+    2
_____
```

㉒
```
     8
+   13
_____
```

㉓
```
    15
+   14
_____
```

㉔
```
    16
+   14
_____
```

㉕
```
    10
+    6
_____
```

㉖
```
    13
+   14
_____
```

㉗
```
     4
+    3
_____
```

㉘
```
     3
+   11
_____
```

㉙
```
    16
+   18
_____
```

㉚
```
     3
+    5
_____
```

㉛
```
     7
+   19
_____
```

㉜
```
     7
+    8
_____
```

㉝
```
    15
+    9
_____
```

㉞
```
    11
+    3
_____
```

㉟
```
     4
+   17
_____
```

①
```
    11
+   15
```

②
```
    18
+    8
```

③
```
    14
+   15
```

④
```
     3
+   15
```

⑤
```
     8
+   11
```

⑥
```
     8
+   17
```

⑦
```
    12
+   14
```

⑧
```
    14
+    8
```

⑨
```
     7
+   19
```

⑩
```
    17
+    9
```

⑪
```
    14
+    7
```

⑫
```
    19
+    2
```

⑬
```
    12
+   16
```

⑭
```
    18
+    2
```

⑮
```
    14
+    6
```

⑯
```
     8
+   19
```

⑰
```
     3
+    8
```

⑱
```
     3
+    6
```

⑲
```
     2
+    2
```

⑳
```
    20
+   20
```

㉑
```
     8
+   15
```

㉒
```
     4
+   11
```

㉓
```
    18
+    6
```

㉔
```
    19
+   11
```

㉕
```
     4
+   14
```

㉖
```
    13
+   20
```

㉗
```
     8
+   10
```

㉘
```
    19
+    2
```

㉙
```
    14
+    9
```

㉚
```
    12
+   17
```

㉛
```
     8
+   20
```

㉜
```
     5
+    4
```

㉝
```
     4
+    3
```

㉞
```
     3
+    4
```

㉟
```
     9
+    9
```

①
```
   13
+   4
```

②
```
   12
+   5
```

③
```
   13
+  17
```

④
```
    4
+  19
```

⑤
```
   14
+   9
```

⑥
```
    2
+  11
```

⑦
```
    2
+  15
```

⑧
```
    4
+  15
```

⑨
```
    6
+   4
```

⑩
```
   14
+   7
```

⑪
```
   16
+   2
```

⑫
```
   12
+   2
```

⑬
```
    8
+   8
```

⑭
```
    7
+   6
```

⑮
```
    6
+  10
```

⑯
```
   19
+  14
```

⑰
```
   12
+   9
```

⑱
```
   16
+  20
```

⑲
```
    4
+  13
```

⑳
```
   13
+  20
```

㉑
```
    4
+   4
```

㉒
```
    2
+  20
```

㉓
```
   14
+   7
```

㉔
```
    7
+  13
```

㉕
```
    6
+  15
```

㉖
```
   15
+   9
```

㉗
```
   11
+  12
```

㉘
```
   19
+   2
```

㉙
```
   19
+  10
```

㉚
```
    9
+   4
```

㉛
```
    8
+   3
```

㉜
```
   19
+   9
```

㉝
```
    2
+  17
```

㉞
```
   17
+  13
```

㉟
```
   12
+  13
```

①
```
    6
+   5
```

②
```
    7
+   9
```

③
```
    5
+  10
```

④
```
   10
+   4
```

⑤
```
   20
+  11
```

⑥
```
   17
+   4
```

⑦
```
   19
+  17
```

⑧
```
   14
+  16
```

⑨
```
   20
+  20
```

⑩
```
   20
+  10
```

⑪
```
   17
+  16
```

⑫
```
    5
+  13
```

⑬
```
   14
+   5
```

⑭
```
   20
+   2
```

⑮
```
    6
+   2
```

⑯
```
    4
+   4
```

⑰
```
   15
+   8
```

⑱
```
    3
+   5
```

⑲
```
    9
+  16
```

⑳
```
   17
+  14
```

㉑
```
   19
+  20
```

㉒
```
   16
+  13
```

㉓
```
   12
+  13
```

㉔
```
   15
+   3
```

㉕
```
    5
+  12
```

㉖
```
    9
+   6
```

㉗
```
   10
+   5
```

㉘
```
    5
+  10
```

㉙
```
   14
+  14
```

㉚
```
   19
+  10
```

㉛
```
   12
+  19
```

㉜
```
    2
+  20
```

㉝
```
    7
+  14
```

㉞
```
   14
+  19
```

㉟
```
   15
+  10
```

①
```
    12
 +   2
```

②
```
    20
 +  10
```

③
```
    16
 +  10
```

④
```
    14
 +  13
```

⑤
```
    17
 +  11
```

⑥
```
    16
 +  18
```

⑦
```
    14
 +  12
```

⑧
```
    13
 +   6
```

⑨
```
    17
 +  17
```

⑩
```
    11
 +  15
```

⑪
```
    13
 +   9
```

⑫
```
    18
 +   5
```

⑬
```
    10
 +   5
```

⑭
```
     6
 +  18
```

⑮
```
    15
 +  18
```

⑯
```
    17
 +   4
```

⑰
```
     7
 +  20
```

⑱
```
     6
 +   3
```

⑲
```
    17
 +  16
```

⑳
```
    14
 +   2
```

㉑
```
    11
 +   9
```

㉒
```
     7
 +  15
```

㉓
```
    20
 +   3
```

㉔
```
    19
 +  15
```

㉕
```
    13
 +  15
```

㉖
```
     6
 +   3
```

㉗
```
     6
 +   8
```

㉘
```
     2
 +   4
```

㉙
```
    16
 +  12
```

㉚
```
    16
 +   4
```

㉛
```
    14
 +   5
```

㉜
```
    18
 +  18
```

㉝
```
     3
 +   5
```

㉞
```
     5
 +   6
```

㉟
```
    14
 +  20
```

①
```
   11
+  10
```

②
```
    7
+  18
```

③
```
    2
+   2
```

④
```
    2
+   2
```

⑤
```
   18
+  18
```

⑥
```
   14
+   9
```

⑦
```
   15
+   3
```

⑧
```
    9
+   8
```

⑨
```
    8
+  10
```

⑩
```
    8
+  15
```

⑪
```
   14
+  12
```

⑫
```
   10
+   4
```

⑬
```
    2
+  20
```

⑭
```
   11
+   8
```

⑮
```
    7
+   6
```

⑯
```
   17
+  14
```

⑰
```
    4
+  14
```

⑱
```
    9
+  18
```

⑲
```
    5
+  16
```

⑳
```
    8
+   6
```

㉑
```
    7
+  20
```

㉒
```
   15
+  18
```

㉓
```
   19
+  16
```

㉔
```
   19
+   7
```

㉕
```
    4
+   6
```

㉖
```
   18
+  20
```

㉗
```
   19
+  14
```

㉘
```
    6
+  18
```

㉙
```
   12
+  10
```

㉚
```
    2
+  20
```

㉛
```
   18
+  17
```

㉜
```
   12
+  12
```

㉝
```
    2
+  13
```

㉞
```
   19
+   8
```

㉟
```
    9
+   5
```

①
```
      3
+   15
```

②
```
     17
+   14
```

③
```
      8
+   18
```

④
```
     20
+   11
```

⑤
```
     18
+    3
```

⑥
```
     11
+   14
```

⑦
```
     10
+    7
```

⑧
```
      2
+   15
```

⑨
```
     18
+   19
```

⑩
```
     12
+   11
```

⑪
```
     18
+   18
```

⑫
```
     20
+    4
```

⑬
```
      2
+   17
```

⑭
```
      5
+   17
```

⑮
```
     10
+    6
```

⑯
```
     19
+    4
```

⑰
```
     11
+   17
```

⑱
```
      8
+    6
```

⑲
```
     17
+    5
```

⑳
```
      8
+    9
```

㉑
```
      5
+    6
```

㉒
```
     11
+    6
```

㉓
```
      5
+    8
```

㉔
```
      2
+    9
```

㉕
```
      8
+   10
```

㉖
```
     13
+   17
```

㉗
```
     10
+    9
```

㉘
```
     13
+    2
```

㉙
```
     18
+    9
```

㉚
```
     12
+   12
```

㉛
```
     20
+   12
```

㉜
```
      6
+   13
```

㉝
```
     16
+    8
```

㉞
```
      2
+   18
```

㉟
```
      8
+   11
```

| Score | | Time | | | Name | |

①
```
  19
+  3
----
```

②
```
  13
+ 11
----
```

③
```
   3
+ 15
----
```

④
```
  20
+ 20
----
```

⑤
```
  16
+  9
----
```

⑥
```
  19
+  4
----
```

⑦
```
   7
+ 12
----
```

⑧
```
   4
+ 12
----
```

⑨
```
  19
+  4
----
```

⑩
```
  10
+ 11
----
```

⑪
```
  10
+ 15
----
```

⑫
```
  14
+ 13
----
```

⑬
```
   5
+  8
----
```

⑭
```
  10
+  7
----
```

⑮
```
  12
+ 15
----
```

⑯
```
  19
+ 13
----
```

⑰
```
  14
+ 12
----
```

⑱
```
   2
+  2
----
```

⑲
```
   9
+  8
----
```

⑳
```
  19
+ 17
----
```

㉑
```
   4
+  4
----
```

㉒
```
  14
+ 11
----
```

㉓
```
  16
+  4
----
```

㉔
```
   5
+ 17
----
```

㉕
```
  11
+ 14
----
```

㉖
```
   7
+ 16
----
```

㉗
```
  13
+  8
----
```

㉘
```
   4
+ 19
----
```

㉙
```
   4
+ 18
----
```

㉚
```
  14
+ 14
----
```

㉛
```
  13
+ 13
----
```

㉜
```
  15
+ 14
----
```

㉝
```
  18
+ 15
----
```

㉞
```
  15
+  4
----
```

㉟
```
   3
+  7
----
```

①
```
    6
+  20
```

②
```
    6
+   8
```

③
```
   20
+   3
```

④
```
   14
+   2
```

⑤
```
   19
+   9
```

⑥
```
    2
+   9
```

⑦
```
    5
+  15
```

⑧
```
    3
+  13
```

⑨
```
   18
+   3
```

⑩
```
   13
+  12
```

⑪
```
   14
+   6
```

⑫
```
   14
+  12
```

⑬
```
    9
+  12
```

⑭
```
    7
+  13
```

⑮
```
   16
+   2
```

⑯
```
    3
+  12
```

⑰
```
   18
+  17
```

⑱
```
   10
+  17
```

⑲
```
   16
+  19
```

⑳
```
   18
+  19
```

㉑
```
   10
+   2
```

㉒
```
   14
+  10
```

㉓
```
   17
+   7
```

㉔
```
    6
+  19
```

㉕
```
    6
+   8
```

㉖
```
   17
+  15
```

㉗
```
    4
+  15
```

㉘
```
    6
+  15
```

㉙
```
    7
+  18
```

㉚
```
   10
+  14
```

㉛
```
    8
+  13
```

㉜
```
    2
+   8
```

㉝
```
   15
+  17
```

㉞
```
    4
+  11
```

㉟
```
   20
+  11
```

①
```
    5
+   9
```

②
```
   12
+  15
```

③
```
   11
+  11
```

④
```
   11
+   4
```

⑤
```
    4
+  16
```

⑥
```
    4
+  12
```

⑦
```
    4
+  14
```

⑧
```
   11
+   9
```

⑨
```
   10
+  12
```

⑩
```
    7
+  16
```

⑪
```
   13
+  13
```

⑫
```
    5
+   4
```

⑬
```
    2
+  12
```

⑭
```
   12
+  14
```

⑮
```
    8
+  10
```

⑯
```
   11
+  13
```

⑰
```
   15
+   9
```

⑱
```
   16
+  15
```

⑲
```
    8
+   4
```

⑳
```
    3
+  11
```

㉑
```
    5
+   7
```

㉒
```
   12
+   6
```

㉓
```
   19
+  17
```

㉔
```
    4
+  17
```

㉕
```
    7
+   4
```

㉖
```
   17
+   2
```

㉗
```
   19
+   6
```

㉘
```
   15
+  19
```

㉙
```
    4
+  20
```

㉚
```
    8
+  13
```

㉛
```
   14
+   2
```

㉜
```
    2
+  12
```

㉝
```
   20
+   6
```

㉞
```
    7
+  19
```

㉟
```
   18
+  16
```

①
```
      7
  +   6
```

②
```
      9
  +  14
```

③
```
      9
  +   5
```

④
```
     10
  +  11
```

⑤
```
     12
  +  19
```

⑥
```
      6
  +  16
```

⑦
```
     17
  +  10
```

⑧
```
     11
  +  13
```

⑨
```
     14
  +  14
```

⑩
```
     10
  +  17
```

⑪
```
      8
  +   9
```

⑫
```
     15
  +  17
```

⑬
```
      7
  +   9
```

⑭
```
     19
  +  13
```

⑮
```
     18
  +   3
```

⑯
```
     15
  +   8
```

⑰
```
      8
  +  15
```

⑱
```
     14
  +  18
```

⑲
```
     12
  +  11
```

⑳
```
     20
  +  17
```

㉑
```
      3
  +  19
```

㉒
```
     15
  +   6
```

㉓
```
      4
  +  20
```

㉔
```
     18
  +  20
```

㉕
```
     20
  +  19
```

㉖
```
     12
  +   9
```

㉗
```
     15
  +   9
```

㉘
```
     17
  +   4
```

㉙
```
     12
  +  18
```

㉚
```
     20
  +   6
```

㉛
```
      7
  +  18
```

㉜
```
      6
  +  18
```

㉝
```
      3
  +  12
```

㉞
```
      3
  +  13
```

㉟
```
     10
  +   6
```

①
```
   18
+   6
```

②
```
   15
+   4
```

③
```
   11
+   5
```

④
```
    8
+   7
```

⑤
```
    7
+  11
```

⑥
```
   15
+  15
```

⑦
```
   17
+  10
```

⑧
```
    7
+   8
```

⑨
```
    8
+  19
```

⑩
```
   14
+   8
```

⑪
```
   16
+  20
```

⑫
```
   15
+   7
```

⑬
```
    4
+  15
```

⑭
```
   19
+   2
```

⑮
```
   20
+   7
```

⑯
```
   17
+   6
```

⑰
```
    9
+  15
```

⑱
```
   16
+  11
```

⑲
```
   10
+  14
```

⑳
```
   16
+  16
```

㉑
```
    2
+   4
```

㉒
```
    2
+   9
```

㉓
```
   13
+   4
```

㉔
```
   13
+  13
```

㉕
```
    2
+   7
```

㉖
```
    2
+   8
```

㉗
```
   17
+   4
```

㉘
```
   12
+  11
```

㉙
```
   20
+  15
```

㉚
```
   13
+  10
```

㉛
```
    5
+  16
```

㉜
```
   19
+  14
```

㉝
```
   17
+   8
```

㉞
```
   12
+  14
```

㉟
```
   13
+  17
```

ANSWERS

Worksheet 1

① 7	② 5	③ 6	④ 4	⑤ 1	⑥ 3	⑦ 1
⑧ 3	⑨ 6	⑩ 7	⑪ 11	⑫ 7	⑬ 5	⑭ 2
⑮ 11	⑯ 5	⑰ 1	⑱ 7	⑲ 7	⑳ 1	㉑ 8
㉒ 2	㉓ 1	㉔ 6	㉕ 3	㉖ 9	㉗ 3	㉘ 6
㉙ 1	㉚ 4	㉛ 3	㉜ 11	㉝ 2	㉞ 5	㉟ 11

Worksheet 2

① 4	② 7	③ 1	④ 5	⑤ 5	⑥ 9	⑦ 11
⑧ 1	⑨ 6	⑩ 2	⑪ 11	⑫ 11	⑬ 3	⑭ 2
⑮ 4	⑯ 9	⑰ 4	⑱ 6	⑲ 2	⑳ 6	㉑ 10
㉒ 8	㉓ 2	㉔ 1	㉕ 7	㉖ 3	㉗ 5	㉘ 1
㉙ 11	㉚ 2	㉛ 5	㉜ 6	㉝ 8	㉞ 2	㉟ 6

Worksheet 3

① 11	② 2	③ 2	④ 3	⑤ 10	⑥ 3	⑦ 7
⑧ 3	⑨ 3	⑩ 8	⑪ 10	⑫ 11	⑬ 7	⑭ 10
⑮ 11	⑯ 5	⑰ 7	⑱ 10	⑲ 6	⑳ 12	㉑ 7
㉒ 12	㉓ 7	㉔ 12	㉕ 12	㉖ 3	㉗ 4	㉘ 5
㉙ 6	㉚ 4	㉛ 9	㉜ 6	㉝ 7	㉞ 5	㉟ 11

Worksheet 4

① 6	② 8	③ 12	④ 6	⑤ 3	⑥ 3	⑦ 4
⑧ 11	⑨ 5	⑩ 4	⑪ 7	⑫ 12	⑬ 7	⑭ 6
⑮ 8	⑯ 3	⑰ 7	⑱ 3	⑲ 4	⑳ 4	㉑ 10
㉒ 4	㉓ 5	㉔ 12	㉕ 5	㉖ 7	㉗ 7	㉘ 9
㉙ 6	㉚ 5	㉛ 5	㉜ 3	㉝ 10	㉞ 10	㉟ 9

Worksheet 5

①	8	②	5	③	5	④	6	⑤	12	⑥	13	⑦	11
⑧	4	⑨	6	⑩	12	⑪	3	⑫	7	⑬	11	⑭	8
⑮	13	⑯	11	⑰	5	⑱	4	⑲	13	⑳	13	㉑	13
㉒	6	㉓	13	㉔	8	㉕	7	㉖	7	㉗	3	㉘	10
㉙	8	㉚	5	㉛	8	㉜	4	㉝	12	㉞	3	㉟	13

Worksheet 6

①	6	②	10	③	12	④	6	⑤	7	⑥	9	⑦	7
⑧	3	⑨	6	⑩	12	⑪	12	⑫	11	⑬	5	⑭	5
⑮	12	⑯	8	⑰	8	⑱	11	⑲	7	⑳	5	㉑	4
㉒	4	㉓	11	㉔	5	㉕	6	㉖	12	㉗	11	㉘	4
㉙	5	㉚	5	㉛	12	㉜	10	㉝	8	㉞	6	㉟	6

Worksheet 7

①	7	②	9	③	5	④	12	⑤	13	⑥	5	⑦	7
⑧	8	⑨	7	⑩	4	⑪	12	⑫	14	⑬	7	⑭	4
⑮	6	⑯	8	⑰	9	⑱	12	⑲	5	⑳	7	㉑	7
㉒	14	㉓	13	㉔	4	㉕	6	㉖	5	㉗	6	㉘	7
㉙	6	㉚	8	㉛	5	㉜	14	㉝	6	㉞	9	㉟	7

Worksheet 8

①	6	②	11	③	12	④	8	⑤	4	⑥	9	⑦	9
⑧	11	⑨	14	⑩	7	⑪	5	⑫	11	⑬	12	⑭	4
⑮	6	⑯	10	⑰	5	⑱	5	⑲	10	⑳	10	㉑	10
㉒	4	㉓	11	㉔	12	㉕	13	㉖	13	㉗	5	㉘	11
㉙	13	㉚	8	㉛	12	㉜	4	㉝	12	㉞	10	㉟	12

Worksheet 9

①	6	②	14	③	11	④	8	⑤	5	⑥	10	⑦	10
⑧	12	⑨	14	⑩	13	⑪	14	⑫	12	⑬	5	⑭	7
⑮	7	⑯	5	⑰	11	⑱	14	⑲	12	⑳	9	㉑	7
㉒	14	㉓	13	㉔	10	㉕	9	㉖	12	㉗	14	㉘	13
㉙	9	㉚	8	㉛	6	㉜	5	㉝	13	㉞	10	㉟	9

Worksheet 10

①	7	②	6	③	7	④	5	⑤	6	⑥	6	⑦	5
⑧	6	⑨	7	⑩	5	⑪	7	⑫	15	⑬	13	⑭	6
⑮	5	⑯	12	⑰	8	⑱	8	⑲	15	⑳	11	㉑	6
㉒	7	㉓	13	㉔	10	㉕	6	㉖	14	㉗	12	㉘	13
㉙	6	㉚	6	㉛	11	㉜	12	㉝	6	㉞	8	㉟	10

Worksheet 11

①	16	②	8	③	8	④	7	⑤	6	⑥	14	⑦	15
⑧	12	⑨	10	⑩	11	⑪	11	⑫	16	⑬	7	⑭	6
⑮	6	⑯	7	⑰	9	⑱	7	⑲	7	⑳	14	㉑	15
㉒	13	㉓	12	㉔	11	㉕	10	㉖	10	㉗	7	㉘	10
㉙	15	㉚	9	㉛	13	㉜	15	㉝	14	㉞	14	㉟	13

Worksheet 12

①	10	②	16	③	12	④	10	⑤	13	⑥	12	⑦	12
⑧	6	⑨	6	⑩	10	⑪	12	⑫	14	⑬	7	⑭	10
⑮	16	⑯	11	⑰	9	⑱	16	⑲	10	⑳	8	㉑	13
㉒	16	㉓	13	㉔	14	㉕	15	㉖	9	㉗	10	㉘	8
㉙	6	㉚	16	㉛	15	㉜	12	㉝	14	㉞	7	㉟	11

Worksheet 13

①	11	②	10	③	12	④	16	⑤	16	⑥	11	⑦	10
⑧	14	⑨	8	⑩	13	⑪	8	⑫	13	⑬	17	⑭	8
⑮	14	⑯	13	⑰	10	⑱	13	⑲	16	⑳	15	㉑	7
㉒	11	㉓	13	㉔	11	㉕	8	㉖	15	㉗	11	㉘	8
㉙	17	㉚	7	㉛	16	㉜	14	㉝	9	㉞	11	㉟	9

Worksheet 14

①	16	②	15	③	14	④	12	⑤	9	⑥	7	⑦	12
⑧	16	⑨	12	⑩	17	⑪	15	⑫	11	⑬	14	⑭	8
⑮	17	⑯	12	⑰	9	⑱	12	⑲	13	⑳	15	㉑	14
㉒	14	㉓	8	㉔	8	㉕	14	㉖	11	㉗	9	㉘	9
㉙	12	㉚	8	㉛	17	㉜	17	㉝	14	㉞	16	㉟	10

Worksheet 15

① 17	② 9	③ 16	④ 8	⑤ 12	⑥ 11	⑦ 16
⑧ 11	⑨ 9	⑩ 18	⑪ 11	⑫ 13	⑬ 13	⑭ 16
⑮ 18	⑯ 18	⑰ 16	⑱ 14	⑲ 17	⑳ 18	㉑ 17
㉒ 9	㉓ 12	㉔ 15	㉕ 17	㉖ 11	㉗ 17	㉘ 15
㉙ 12	㉚ 14	㉛ 11	㉜ 17	㉝ 10	㉞ 17	㉟ 14

Worksheet 16

① 12	② 17	③ 17	④ 16	⑤ 17	⑥ 8	⑦ 10
⑧ 8	⑨ 11	⑩ 12	⑪ 9	⑫ 13	⑬ 12	⑭ 11
⑮ 17	⑯ 12	⑰ 18	⑱ 10	⑲ 17	⑳ 10	㉑ 14
㉒ 15	㉓ 17	㉔ 11	㉕ 8	㉖ 12	㉗ 10	㉘ 16
㉙ 13	㉚ 16	㉛ 18	㉜ 12	㉝ 18	㉞ 13	㉟ 18

Worksheet 17

① 13	② 15	③ 10	④ 13	⑤ 9	⑥ 15	⑦ 17
⑧ 16	⑨ 13	⑩ 15	⑪ 17	⑫ 12	⑬ 19	⑭ 14
⑮ 12	⑯ 13	⑰ 19	⑱ 9	⑲ 9	⑳ 13	㉑ 9
㉒ 18	㉓ 11	㉔ 19	㉕ 10	㉖ 15	㉗ 17	㉘ 12
㉙ 15	㉚ 11	㉛ 11	㉜ 14	㉝ 17	㉞ 13	㉟ 19

Worksheet 18

① 12	② 15	③ 15	④ 17	⑤ 9	⑥ 14	⑦ 10
⑧ 14	⑨ 14	⑩ 9	⑪ 11	⑫ 16	⑬ 13	⑭ 16
⑮ 10	⑯ 9	⑰ 10	⑱ 15	⑲ 15	⑳ 18	㉑ 18
㉒ 17	㉓ 15	㉔ 9	㉕ 10	㉖ 14	㉗ 16	㉘ 9
㉙ 10	㉚ 12	㉛ 10	㉜ 18	㉝ 19	㉞ 16	㉟ 13

Worksheet 19

① 14	② 15	③ 12	④ 18	⑤ 18	⑥ 15	⑦ 16
⑧ 11	⑨ 14	⑩ 17	⑪ 18	⑫ 14	⑬ 16	⑭ 20
⑮ 19	⑯ 19	⑰ 14	⑱ 20	⑲ 17	⑳ 20	㉑ 19
㉒ 18	㉓ 16	㉔ 11	㉕ 16	㉖ 10	㉗ 20	㉘ 10
㉙ 12	㉚ 17	㉛ 16	㉜ 20	㉝ 16	㉞ 13	㉟ 19

Worksheet 20

①	15	②	14	③	17	④	13	⑤	13	⑥	19	⑦	20
⑧	17	⑨	17	⑩	20	⑪	19	⑫	18	⑬	16	⑭	18
⑮	17	⑯	16	⑰	19	⑱	10	⑲	10	⑳	16	㉑	13
㉒	16	㉓	18	㉔	19	㉕	10	㉖	11	㉗	16	㉘	20
㉙	14	㉚	15	㉛	14	㉜	10	㉝	20	㉞	12	㉟	15

Worksheet 21

①	10	②	6	③	8	④	4	⑤	12	⑥	9	⑦	3
⑧	1	⑨	2	⑩	2	⑪	14	⑫	5	⑬	18	⑭	6
⑮	4	⑯	19	⑰	3	⑱	8	⑲	10	⑳	3	㉑	8
㉒	15	㉓	9	㉔	2	㉕	11	㉖	11	㉗	9	㉘	15
㉙	6	㉚	19	㉛	13	㉜	6	㉝	5	㉞	14	㉟	16

Worksheet 22

①	11	②	7	③	14	④	4	⑤	7	⑥	14	⑦	12
⑧	14	⑨	6	⑩	11	⑪	14	⑫	6	⑬	8	⑭	5
⑮	13	⑯	13	⑰	5	⑱	1	⑲	7	⑳	10	㉑	6
㉒	7	㉓	14	㉔	3	㉕	8	㉖	15	㉗	15	㉘	11
㉙	11	㉚	9	㉛	10	㉜	8	㉝	1	㉞	7	㉟	13

Worksheet 23

①	14	②	14	③	14	④	7	⑤	7	⑥	11	⑦	19
⑧	7	⑨	0	⑩	8	⑪	15	⑫	11	⑬	6	⑭	6
⑮	12	⑯	20	⑰	13	⑱	4	⑲	12	⑳	6	㉑	10
㉒	10	㉓	11	㉔	4	㉕	6	㉖	9	㉗	10	㉘	9
㉙	12	㉚	11	㉛	13	㉜	10	㉝	3	㉞	17	㉟	8

Worksheet 24

①	6	②	13	③	17	④	1	⑤	7	⑥	12	⑦	11
⑧	8	⑨	2	⑩	2	⑪	11	⑫	6	⑬	9	⑭	16
⑮	12	⑯	5	⑰	11	⑱	16	⑲	18	⑳	10	㉑	13
㉒	4	㉓	10	㉔	14	㉕	18	㉖	12	㉗	12	㉘	10
㉙	18	㉚	18	㉛	14	㉜	14	㉝	6	㉞	6	㉟	15

Worksheet 25

①	15	②	12	③	7	④	12	⑤	12	⑥	12	⑦	8
⑧	5	⑨	13	⑩	11	⑪	19	⑫	9	⑬	16	⑭	12
⑮	13	⑯	15	⑰	5	⑱	8	⑲	5	⑳	10	㉑	0
㉒	9	㉓	6	㉔	9	㉕	18	㉖	6	㉗	8	㉘	8
㉙	8	㉚	16	㉛	17	㉜	6	㉝	9	㉞	10	㉟	10

Worksheet 26

①	10	②	19	③	17	④	8	⑤	11	⑥	4	⑦	12
⑧	12	⑨	2	⑩	6	⑪	9	⑫	11	⑬	8	⑭	12
⑮	16	⑯	13	⑰	11	⑱	9	⑲	16	⑳	14	㉑	0
㉒	9	㉓	5	㉔	7	㉕	6	㉖	4	㉗	14	㉘	11
㉙	11	㉚	6	㉛	11	㉜	16	㉝	10	㉞	13	㉟	3

Worksheet 27

①	0	②	13	③	14	④	7	⑤	2	⑥	11	⑦	9
⑧	14	⑨	11	⑩	10	⑪	17	⑫	17	⑬	19	⑭	9
⑮	10	⑯	17	⑰	12	⑱	2	⑲	3	⑳	10	㉑	6
㉒	13	㉓	7	㉔	14	㉕	5	㉖	10	㉗	15	㉘	8
㉙	7	㉚	5	㉛	5	㉜	14	㉝	9	㉞	16	㉟	11

Worksheet 28

①	6	②	10	③	1	④	14	⑤	10	⑥	12	⑦	9
⑧	10	⑨	5	⑩	7	⑪	2	⑫	11	⑬	1	⑭	16
⑮	14	⑯	10	⑰	10	⑱	8	⑲	3	⑳	17	㉑	16
㉒	3	㉓	18	㉔	16	㉕	10	㉖	11	㉗	13	㉘	9
㉙	5	㉚	7	㉛	13	㉜	19	㉝	5	㉞	11	㉟	16

Worksheet 29

①	4	②	13	③	11	④	16	⑤	9	⑥	13	⑦	1
⑧	5	⑨	8	⑩	4	⑪	7	⑫	18	⑬	8	⑭	7
⑮	8	⑯	7	⑰	4	⑱	9	⑲	13	⑳	19	㉑	13
㉒	16	㉓	14	㉔	10	㉕	7	㉖	5	㉗	7	㉘	13
㉙	14	㉚	9	㉛	7	㉜	6	㉝	12	㉞	20	㉟	16

Worksheet   30

①	5	②	6	③	12	④	5	⑤	13	⑥	18	⑦	10
⑧	12	⑨	17	⑩	6	⑪	11	⑫	12	⑬	10	⑭	19
⑮	7	⑯	2	⑰	17	⑱	13	⑲	12	⑳	13	㉑	10
㉒	12	㉓	10	㉔	2	㉕	8	㉖	11	㉗	0	㉘	16
㉙	18	㉚	7	㉛	14	㉜	15	㉝	5	㉞	5	㉟	16

Worksheet   31

①	17	②	7	③	12	④	8	⑤	9	⑥	12	⑦	19
⑧	14	⑨	9	⑩	13	⑪	16	⑫	17	⑬	10	⑭	15
⑮	9	⑯	14	⑰	15	⑱	9	⑲	9	⑳	9	㉑	18
㉒	17	㉓	13	㉔	13	㉕	14	㉖	9	㉗	9	㉘	6
㉙	10	㉚	16	㉛	7	㉜	12	㉝	14	㉞	17	㉟	14

Worksheet   32

①	12	②	16	③	15	④	8	⑤	8	⑥	8	⑦	15
⑧	18	⑨	8	⑩	7	⑪	8	⑫	17	⑬	13	⑭	12
⑮	10	⑯	13	⑰	9	⑱	9	⑲	11	⑳	9	㉑	16
㉒	5	㉓	9	㉔	15	㉕	10	㉖	13	㉗	12	㉘	12
㉙	12	㉚	17	㉛	16	㉜	13	㉝	7	㉞	11	㉟	15

Worksheet   33

①	13	②	19	③	11	④	9	⑤	13	⑥	13	⑦	18
⑧	13	⑨	16	⑩	19	⑪	18	⑫	18	⑬	10	⑭	15
⑮	7	⑯	10	⑰	11	⑱	18	⑲	7	⑳	14	㉑	13
㉒	15	㉓	6	㉔	13	㉕	7	㉖	15	㉗	14	㉘	15
㉙	11	㉚	15	㉛	16	㉜	10	㉝	9	㉞	7	㉟	19

Worksheet   34

①	12	②	13	③	12	④	14	⑤	13	⑥	10	⑦	7
⑧	16	⑨	6	⑩	17	⑪	16	⑫	6	⑬	19	⑭	8
⑮	13	⑯	19	⑰	8	⑱	17	⑲	8	⑳	12	㉑	18
㉒	6	㉓	9	㉔	11	㉕	12	㉖	14	㉗	11	㉘	13
㉙	13	㉚	12	㉛	12	㉜	11	㉝	15	㉞	14	㉟	13

Worksheet   35

①	15	②	13	③	14	④	11	⑤	13	⑥	12	⑦	8
⑧	12	⑨	17	⑩	7	⑪	13	⑫	12	⑬	9	⑭	5
⑮	8	⑯	11	⑰	12	⑱	15	⑲	11	⑳	17	㉑	9
㉒	16	㉓	12	㉔	16	㉕	5	㉖	12	㉗	14	㉘	18
㉙	16	㉚	10	㉛	17	㉜	20	㉝	19	㉞	14	㉟	12

Worksheet   36

①	12	②	13	③	15	④	11	⑤	16	⑥	8	⑦	10
⑧	11	⑨	12	⑩	6	⑪	13	⑫	19	⑬	15	⑭	7
⑮	6	⑯	9	⑰	9	⑱	19	⑲	6	⑳	13	㉑	12
㉒	9	㉓	12	㉔	11	㉕	8	㉖	16	㉗	13	㉘	10
㉙	17	㉚	17	㉛	5	㉜	13	㉝	16	㉞	11	㉟	13

Worksheet   37

①	13	②	12	③	14	④	13	⑤	14	⑥	8	⑦	14
⑧	10	⑨	14	⑩	11	⑪	15	⑫	7	⑬	17	⑭	13
⑮	10	⑯	10	⑰	14	⑱	12	⑲	10	⑳	13	㉑	18
㉒	14	㉓	6	㉔	9	㉕	17	㉖	9	㉗	7	㉘	17
㉙	13	㉚	11	㉛	14	㉜	17	㉝	16	㉞	13	㉟	19

Worksheet   38

①	12	②	7	③	12	④	9	⑤	12	⑥	13	⑦	14
⑧	11	⑨	8	⑩	19	⑪	13	⑫	13	⑬	11	⑭	19
⑮	17	⑯	13	⑰	11	⑱	16	⑲	12	⑳	13	㉑	16
㉒	6	㉓	13	㉔	11	㉕	7	㉖	15	㉗	11	㉘	14
㉙	7	㉚	19	㉛	10	㉜	12	㉝	14	㉞	15	㉟	17

Worksheet   39

①	13	②	8	③	14	④	14	⑤	13	⑥	11	⑦	15
⑧	7	⑨	7	⑩	6	⑪	15	⑫	9	⑬	11	⑭	15
⑮	17	⑯	11	⑰	14	⑱	12	⑲	18	⑳	10	㉑	5
㉒	12	㉓	16	㉔	9	㉕	15	㉖	13	㉗	12	㉘	15
㉙	14	㉚	18	㉛	15	㉜	12	㉝	13	㉞	15	㉟	8

Worksheet 40

①	16	②	15	③	11	④	14	⑤	18	⑥	9	⑦	15
⑧	10	⑨	12	⑩	10	⑪	14	⑫	19	⑬	14	⑭	12
⑮	9	⑯	17	⑰	10	⑱	17	⑲	15	⑳	14	㉑	13
㉒	12	㉓	13	㉔	12	㉕	4	㉖	14	㉗	11	㉘	18
㉙	12	㉚	13	㉛	12	㉜	10	㉝	12	㉞	8	㉟	14

Worksheet 41

①	8	②	9	③	8	④	8	⑤	15	⑥	13	⑦	13
⑧	5	⑨	11	⑩	10	⑪	15	⑫	10	⑬	20	⑭	7
⑮	12	⑯	7	⑰	13	⑱	7	⑲	11	⑳	12	㉑	7
㉒	11	㉓	4	㉔	9	㉕	16	㉖	9	㉗	13	㉘	14
㉙	7	㉚	16	㉛	16	㉜	12	㉝	10	㉞	12	㉟	14

Worksheet 42

①	17	②	14	③	13	④	14	⑤	18	⑥	9	⑦	15
⑧	16	⑨	15	⑩	12	⑪	16	⑫	16	⑬	11	⑭	16
⑮	17	⑯	15	⑰	16	⑱	18	⑲	18	⑳	17	㉑	18
㉒	12	㉓	15	㉔	14	㉕	5	㉖	9	㉗	11	㉘	9
㉙	14	㉚	14	㉛	16	㉜	11	㉝	19	㉞	8	㉟	12

Worksheet 43

①	16	②	12	③	12	④	8	⑤	11	⑥	14	⑦	14
⑧	6	⑨	17	⑩	9	⑪	6	⑫	14	⑬	14	⑭	13
⑮	17	⑯	12	⑰	17	⑱	13	⑲	12	⑳	16	㉑	20
㉒	10	㉓	9	㉔	11	㉕	16	㉖	11	㉗	12	㉘	15
㉙	18	㉚	13	㉛	13	㉜	16	㉝	9	㉞	17	㉟	15

Worksheet 44

①	12	②	18	③	4	④	13	⑤	12	⑥	16	⑦	20
⑧	12	⑨	14	⑩	12	⑪	4	⑫	8	⑬	10	⑭	12
⑮	14	⑯	12	⑰	7	⑱	18	⑲	17	⑳	8	㉑	11
㉒	10	㉓	16	㉔	15	㉕	10	㉖	11	㉗	15	㉘	15
㉙	13	㉚	8	㉛	20	㉜	16	㉝	17	㉞	8	㉟	13

Worksheet 45

① 4	② 11	③ 11	④ 15	⑤ 16	⑥ 9	⑦ 15
⑧ 13	⑨ 15	⑩ 13	⑪ 17	⑫ 12	⑬ 4	⑭ 20
⑮ 12	⑯ 9	⑰ 6	⑱ 8	⑲ 13	⑳ 9	㉑ 13
㉒ 10	㉓ 12	㉔ 9	㉕ 10	㉖ 10	㉗ 12	㉘ 19
㉙ 14	㉚ 8	㉛ 10	㉜ 9	㉝ 14	㉞ 13	㉟ 16

Worksheet 46

① 11	② 14	③ 8	④ 8	⑤ 11	⑥ 12	⑦ 11
⑧ 12	⑨ 8	⑩ 14	⑪ 8	⑫ 16	⑬ 11	⑭ 14
⑮ 19	⑯ 17	⑰ 11	⑱ 7	⑲ 20	⑳ 11	㉑ 16
㉒ 9	㉓ 6	㉔ 6	㉕ 20	㉖ 18	㉗ 12	㉘ 18
㉙ 16	㉚ 9	㉛ 13	㉜ 10	㉝ 10	㉞ 14	㉟ 11

Worksheet 47

① 15	② 12	③ 14	④ 8	⑤ 7	⑥ 17	⑦ 14
⑧ 14	⑨ 10	⑩ 11	⑪ 14	⑫ 6	⑬ 10	⑭ 16
⑮ 14	⑯ 12	⑰ 11	⑱ 7	⑲ 17	⑳ 16	㉑ 7
㉒ 13	㉓ 15	㉔ 14	㉕ 10	㉖ 11	㉗ 9	㉘ 11
㉙ 4	㉚ 13	㉛ 12	㉜ 15	㉝ 16	㉞ 13	㉟ 11

Worksheet 48

① 14	② 12	③ 15	④ 13	⑤ 12	⑥ 11	⑦ 15
⑧ 16	⑨ 20	⑩ 14	⑪ 15	⑫ 6	⑬ 8	⑭ 12
⑮ 16	⑯ 13	⑰ 9	⑱ 12	⑲ 11	⑳ 14	㉑ 13
㉒ 16	㉓ 10	㉔ 11	㉕ 16	㉖ 11	㉗ 9	㉘ 8
㉙ 15	㉚ 7	㉛ 10	㉜ 19	㉝ 10	㉞ 13	㉟ 18

Worksheet 49

① 7	② 16	③ 11	④ 14	⑤ 8	⑥ 7	⑦ 8
⑧ 12	⑨ 13	⑩ 8	⑪ 9	⑫ 15	⑬ 7	⑭ 7
⑮ 6	⑯ 15	⑰ 15	⑱ 13	⑲ 11	⑳ 8	㉑ 13
㉒ 10	㉓ 11	㉔ 9	㉕ 12	㉖ 10	㉗ 11	㉘ 7
㉙ 17	㉚ 14	㉛ 14	㉜ 17	㉝ 11	㉞ 15	㉟ 11

Worksheet 50

#	Value	#	Value	#	Value	#	Value	#	Value	#	Value	#	Value
①	11	②	18	③	13	④	12	⑤	17	⑥	7	⑦	12
⑧	13	⑨	14	⑩	6	⑪	12	⑫	19	⑬	16	⑭	13
⑮	13	⑯	19	⑰	12	⑱	16	⑲	15	⑳	10	㉑	6
㉒	12	㉓	17	㉔	7	㉕	13	㉖	11	㉗	14	㉘	11
㉙	13	㉚	9	㉛	14	㉜	13	㉝	6	㉞	13	㉟	11

Worksheet 51

#	Value	#	Value	#	Value	#	Value	#	Value	#	Value	#	Value
①	18	②	14	③	17	④	31	⑤	24	⑥	30	⑦	20
⑧	28	⑨	12	⑩	26	⑪	22	⑫	12	⑬	28	⑭	21
⑮	29	⑯	28	⑰	23	⑱	24	⑲	22	⑳	15	㉑	23
㉒	24	㉓	22	㉔	22	㉕	12	㉖	20	㉗	27	㉘	21
㉙	16	㉚	16	㉛	29	㉜	20	㉝	19	㉞	11	㉟	31

Worksheet 52

#	Value	#	Value	#	Value	#	Value	#	Value	#	Value	#	Value
①	24	②	15	③	28	④	21	⑤	14	⑥	30	⑦	12
⑧	31	⑨	17	⑩	28	⑪	11	⑫	22	⑬	27	⑭	22
⑮	25	⑯	21	⑰	22	⑱	16	⑲	12	⑳	20	㉑	25
㉒	16	㉓	15	㉔	30	㉕	14	㉖	17	㉗	17	㉘	25
㉙	18	㉚	16	㉛	25	㉜	18	㉝	17	㉞	11	㉟	19

Worksheet 53

#	Value	#	Value	#	Value	#	Value	#	Value	#	Value	#	Value
①	18	②	26	③	20	④	16	⑤	31	⑥	31	⑦	23
⑧	12	⑨	30	⑩	17	⑪	25	⑫	13	⑬	27	⑭	15
⑮	20	⑯	30	⑰	26	⑱	15	⑲	30	⑳	12	㉑	15
㉒	24	㉓	29	㉔	24	㉕	15	㉖	15	㉗	32	㉘	19
㉙	16	㉚	29	㉛	24	㉜	15	㉝	14	㉞	17	㉟	18

Worksheet 54

#	Value	#	Value	#	Value	#	Value	#	Value	#	Value	#	Value
①	15	②	17	③	24	④	29	⑤	18	⑥	12	⑦	20
⑧	12	⑨	30	⑩	24	⑪	21	⑫	21	⑬	14	⑭	31
⑮	13	⑯	27	⑰	30	⑱	31	⑲	20	⑳	30	㉑	32
㉒	30	㉓	29	㉔	14	㉕	14	㉖	24	㉗	32	㉘	18
㉙	17	㉚	22	㉛	32	㉜	18	㉝	29	㉞	18	㉟	13

Worksheet 55

①	30	②	33	③	13	④	28	⑤	17	⑥	14	⑦	33
⑧	18	⑨	32	⑩	19	⑪	19	⑫	16	⑬	21	⑭	17
⑮	28	⑯	26	⑰	31	⑱	14	⑲	14	⑳	18	㉑	19
㉒	20	㉓	31	㉔	25	㉕	29	㉖	28	㉗	24	㉘	28
㉙	26	㉚	23	㉛	23	㉜	30	㉝	27	㉞	20	㉟	28

Worksheet 56

①	29	②	28	③	17	④	24	⑤	22	⑥	14	⑦	29
⑧	30	⑨	19	⑩	14	⑪	20	⑫	23	⑬	32	⑭	26
⑮	19	⑯	14	⑰	25	⑱	25	⑲	21	⑳	15	㉑	17
㉒	27	㉓	19	㉔	19	㉕	21	㉖	31	㉗	21	㉘	31
㉙	14	㉚	28	㉛	21	㉜	30	㉝	25	㉞	13	㉟	33

Worksheet 57

①	32	②	23	③	25	④	29	⑤	33	⑥	27	⑦	34
⑧	27	⑨	21	⑩	32	⑪	32	⑫	18	⑬	25	⑭	22
⑮	23	⑯	32	⑰	27	⑱	31	⑲	20	⑳	34	㉑	26
㉒	15	㉓	25	㉔	25	㉕	26	㉖	21	㉗	31	㉘	27
㉙	21	㉚	18	㉛	18	㉜	33	㉝	31	㉞	16	㉟	27

Worksheet 58

①	21	②	32	③	28	④	16	⑤	28	⑥	25	⑦	23
⑧	32	⑨	31	⑩	18	⑪	22	⑫	22	⑬	22	⑭	30
⑮	23	⑯	24	⑰	28	⑱	15	⑲	22	⑳	18	㉑	32
㉒	16	㉓	17	㉔	30	㉕	14	㉖	27	㉗	33	㉘	16
㉙	34	㉚	30	㉛	28	㉜	14	㉝	30	㉞	27	㉟	16

Worksheet 59

①	28	②	34	③	35	④	29	⑤	15	⑥	33	⑦	32
⑧	33	⑨	19	⑩	30	⑪	27	⑫	24	⑬	15	⑭	24
⑮	20	⑯	18	⑰	22	⑱	26	⑲	19	⑳	17	㉑	15
㉒	33	㉓	24	㉔	29	㉕	22	㉖	21	㉗	21	㉘	18
㉙	23	㉚	17	㉛	22	㉜	22	㉝	35	㉞	31	㉟	27

Worksheet   60

①	24	②	18	③	17	④	31	⑤	22	⑥	23	⑦	27
⑧	30	⑨	19	⑩	16	⑪	29	⑫	30	⑬	20	⑭	30
⑮	21	⑯	30	⑰	26	⑱	15	⑲	35	⑳	16	㉑	28
㉒	16	㉓	30	㉔	21	㉕	15	㉖	26	㉗	24	㉘	18
㉙	35	㉚	24	㉛	18	㉜	35	㉝	33	㉞	32	㉟	34

Worksheet   61

①	22	②	29	③	22	④	27	⑤	34	⑥	29	⑦	34
⑧	30	⑨	32	⑩	35	⑪	22	⑫	35	⑬	23	⑭	30
⑮	35	⑯	29	⑰	32	⑱	20	⑲	31	⑳	35	㉑	18
㉒	28	㉓	21	㉔	28	㉕	21	㉖	23	㉗	19	㉘	26
㉙	25	㉚	22	㉛	23	㉜	29	㉝	34	㉞	16	㉟	28

Worksheet   62

①	32	②	34	③	17	④	28	⑤	33	⑥	20	⑦	25
⑧	24	⑨	18	⑩	25	⑪	28	⑫	20	⑬	36	⑭	22
⑮	21	⑯	21	⑰	27	⑱	25	⑲	34	⑳	27	㉑	20
㉒	22	㉓	30	㉔	27	㉕	16	㉖	27	㉗	17	㉘	24
㉙	29	㉚	30	㉛	26	㉜	31	㉝	30	㉞	18	㉟	32

Worksheet   63

①	28	②	37	③	28	④	18	⑤	34	⑥	24	⑦	27
⑧	25	⑨	36	⑩	19	⑪	25	⑫	20	⑬	29	⑭	23
⑮	28	⑯	36	⑰	35	⑱	34	⑲	32	⑳	26	㉑	21
㉒	28	㉓	35	㉔	26	㉕	35	㉖	25	㉗	31	㉘	30
㉙	34	㉚	30	㉛	30	㉜	36	㉝	36	㉞	37	㉟	34

Worksheet   64

①	34	②	36	③	28	④	35	⑤	17	⑥	31	⑦	34
⑧	35	⑨	20	⑩	27	⑪	22	⑫	31	⑬	23	⑭	37
⑮	29	⑯	36	⑰	31	⑱	33	⑲	30	⑳	27	㉑	28
㉒	35	㉓	32	㉔	22	㉕	30	㉖	33	㉗	35	㉘	22
㉙	24	㉚	30	㉛	23	㉜	24	㉝	29	㉞	30	㉟	18

Worksheet 65

① 32	② 26	③ 33	④ 24	⑤ 31	⑥ 24	⑦ 29
⑧ 26	⑨ 25	⑩ 38	⑪ 38	⑫ 27	⑬ 25	⑭ 19
⑮ 28	⑯ 28	⑰ 22	⑱ 36	⑲ 19	⑳ 29	㉑ 31
㉒ 35	㉓ 33	㉔ 32	㉕ 28	㉖ 21	㉗ 31	㉘ 19
㉙ 29	㉚ 34	㉛ 36	㉜ 25	㉝ 27	㉞ 23	㉟ 19

Worksheet 66

① 23	② 27	③ 37	④ 34	⑤ 33	⑥ 32	⑦ 33
⑧ 36	⑨ 22	⑩ 25	⑪ 20	⑫ 29	⑬ 36	⑭ 23
⑮ 28	⑯ 28	⑰ 28	⑱ 29	⑲ 32	⑳ 20	㉑ 29
㉒ 38	㉓ 36	㉔ 28	㉕ 27	㉖ 28	㉗ 20	㉘ 33
㉙ 33	㉚ 37	㉛ 21	㉜ 19	㉝ 28	㉞ 32	㉟ 25

Worksheet 67

① 22	② 39	③ 36	④ 35	⑤ 28	⑥ 23	⑦ 22
⑧ 23	⑨ 19	⑩ 26	⑪ 39	⑫ 33	⑬ 36	⑭ 25
⑮ 35	⑯ 36	⑰ 19	⑱ 33	⑲ 39	⑳ 32	㉑ 34
㉒ 19	㉓ 31	㉔ 29	㉕ 28	㉖ 23	㉗ 23	㉘ 22
㉙ 32	㉚ 24	㉛ 24	㉜ 28	㉝ 29	㉞ 21	㉟ 19

Worksheet 68

① 20	② 22	③ 31	④ 32	⑤ 32	⑥ 29	⑦ 27
⑧ 36	⑨ 22	⑩ 28	⑪ 37	⑫ 25	⑬ 23	⑭ 23
⑮ 35	⑯ 35	⑰ 19	⑱ 21	⑲ 26	⑳ 39	㉑ 34
㉒ 34	㉓ 21	㉔ 24	㉕ 19	㉖ 30	㉗ 36	㉘ 28
㉙ 22	㉚ 39	㉛ 22	㉜ 19	㉝ 23	㉞ 23	㉟ 33

Worksheet 69

① 40	② 37	③ 29	④ 29	⑤ 24	⑥ 37	⑦ 25
⑧ 26	⑨ 39	⑩ 31	⑪ 37	⑫ 38	⑬ 20	⑭ 34
⑮ 28	⑯ 25	⑰ 32	⑱ 33	⑲ 24	⑳ 23	㉑ 24
㉒ 25	㉓ 24	㉔ 25	㉕ 37	㉖ 31	㉗ 33	㉘ 21
㉙ 21	㉚ 32	㉛ 38	㉜ 35	㉝ 40	㉞ 22	㉟ 25

Worksheet 70

①	34	②	32	③	36	④	39	⑤	32	⑥	33	⑦	39
⑧	39	⑨	29	⑩	29	⑪	21	⑫	27	⑬	35	⑭	21
⑮	27	⑯	27	⑰	22	⑱	26	⑲	37	⑳	23	㉑	30
㉒	33	㉓	40	㉔	22	㉕	22	㉖	29	㉗	35	㉘	35
㉙	29	㉚	27	㉛	35	㉜	39	㉝	34	㉞	40	㉟	26

Worksheet 71

①	9	②	21	③	25	④	32	⑤	20	⑥	11	⑦	13
⑧	24	⑨	19	⑩	5	⑪	17	⑫	9	⑬	12	⑭	27
⑮	32	⑯	23	⑰	35	⑱	11	⑲	12	⑳	17	㉑	28
㉒	22	㉓	32	㉔	15	㉕	25	㉖	8	㉗	22	㉘	27
㉙	8	㉚	30	㉛	23	㉜	27	㉝	19	㉞	7	㉟	38

Worksheet 72

①	13	②	22	③	34	④	19	⑤	29	⑥	17	⑦	34
⑧	19	⑨	23	⑩	12	⑪	30	⑫	25	⑬	17	⑭	18
⑮	9	⑯	25	⑰	21	⑱	23	⑲	37	⑳	30	㉑	28
㉒	14	㉓	12	㉔	28	㉕	9	㉖	33	㉗	24	㉘	25
㉙	29	㉚	18	㉛	29	㉜	31	㉝	31	㉞	35	㉟	16

Worksheet 73

①	21	②	21	③	20	④	21	⑤	24	⑥	26	⑦	24
⑧	28	⑨	39	⑩	22	⑪	11	⑫	29	⑬	28	⑭	24
⑮	23	⑯	16	⑰	21	⑱	17	⑲	21	⑳	27	㉑	11
㉒	20	㉓	24	㉔	22	㉕	20	㉖	10	㉗	23	㉘	20
㉙	26	㉚	11	㉛	2	㉜	13	㉝	23	㉞	29	㉟	21

Worksheet 74

①	28	②	7	③	25	④	28	⑤	31	⑥	20	⑦	27
⑧	17	⑨	19	⑩	31	⑪	16	⑫	24	⑬	27	⑭	29
⑮	19	⑯	14	⑰	16	⑱	18	⑲	12	⑳	20	㉑	28
㉒	28	㉓	29	㉔	10	㉕	10	㉖	22	㉗	24	㉘	21
㉙	13	㉚	31	㉛	9	㉜	26	㉝	24	㉞	33	㉟	18

Worksheet 75

①	21	②	22	③	27	④	7	⑤	17	⑥	27	⑦	16
⑧	9	⑨	9	⑩	27	⑪	8	⑫	30	⑬	32	⑭	17
⑮	38	⑯	35	⑰	31	⑱	19	⑲	2	⑳	19	㉑	35
㉒	16	㉓	16	㉔	15	㉕	15	㉖	7	㉗	17	㉘	3
㉙	18	㉚	29	㉛	27	㉜	15	㉝	18	㉞	18	㉟	5

Worksheet 76

①	30	②	23	③	25	④	26	⑤	22	⑥	14	⑦	21
⑧	22	⑨	7	⑩	16	⑪	23	⑫	28	⑬	3	⑭	11
⑮	6	⑯	13	⑰	25	⑱	26	⑲	17	⑳	20	㉑	32
㉒	4	㉓	31	㉔	19	㉕	21	㉖	21	㉗	23	㉘	7
㉙	15	㉚	9	㉛	32	㉜	20	㉝	20	㉞	19	㉟	30

Worksheet 77

①	20	②	18	③	15	④	14	⑤	16	⑥	15	⑦	24
⑧	22	⑨	7	⑩	19	⑪	16	⑫	1	⑬	21	⑭	33
⑮	4	⑯	14	⑰	15	⑱	20	⑲	15	⑳	18	㉑	37
㉒	25	㉓	9	㉔	24	㉕	10	㉖	7	㉗	5	㉘	11
㉙	3	㉚	8	㉛	7	㉜	24	㉝	23	㉞	14	㉟	23

Worksheet 78

①	24	②	18	③	30	④	18	⑤	24	⑥	21	⑦	24
⑧	15	⑨	30	⑩	16	⑪	30	⑫	25	⑬	23	⑭	31
⑮	15	⑯	4	⑰	27	⑱	28	⑲	18	⑳	30	㉑	20
㉒	3	㉓	6	㉔	34	㉕	34	㉖	24	㉗	16	㉘	21
㉙	11	㉚	38	㉛	20	㉜	26	㉝	23	㉞	11	㉟	13

Worksheet 79

①	10	②	16	③	23	④	33	⑤	24	⑥	25	⑦	29
⑧	25	⑨	22	⑩	16	⑪	20	⑫	25	⑬	19	⑭	9
⑮	16	⑯	30	⑰	23	⑱	22	⑲	12	⑳	30	㉑	13
㉒	30	㉓	24	㉔	6	㉕	26	㉖	28	㉗	15	㉘	25
㉙	10	㉚	29	㉛	24	㉜	2	㉝	27	㉞	9	㉟	32

Worksheet 80

①	22	②	18	③	18	④	15	⑤	14	⑥	4	⑦	16
⑧	15	⑨	18	⑩	7	⑪	33	⑫	17	⑬	20	⑭	12
⑮	23	⑯	28	⑰	15	⑱	22	⑲	16	⑳	28	㉑	7
㉒	30	㉓	13	㉔	22	㉕	2	㉖	21	㉗	23	㉘	6
㉙	30	㉚	23	㉛	31	㉜	11	㉝	33	㉞	38	㉟	17

Worksheet 81

①	15	②	31	③	28	④	35	⑤	27	⑥	19	⑦	27
⑧	35	⑨	34	⑩	35	⑪	23	⑫	22	⑬	22	⑭	18
⑮	25	⑯	20	⑰	16	⑱	19	⑲	15	⑳	33	㉑	18
㉒	7	㉓	34	㉔	13	㉕	38	㉖	15	㉗	14	㉘	18
㉙	29	㉚	35	㉛	18	㉜	32	㉝	16	㉞	12	㉟	17

Worksheet 82

①	15	②	29	③	14	④	36	⑤	23	⑥	12	⑦	17
⑧	20	⑨	29	⑩	20	⑪	25	⑫	20	⑬	30	⑭	27
⑮	37	⑯	14	⑰	23	⑱	12	⑲	26	⑳	20	㉑	18
㉒	8	㉓	20	㉔	34	㉕	34	㉖	19	㉗	20	㉘	25
㉙	25	㉚	13	㉛	14	㉜	23	㉝	19	㉞	32	㉟	13

Worksheet 83

①	19	②	15	③	31	④	24	⑤	30	⑥	16	⑦	13
⑧	17	⑨	29	⑩	38	⑪	29	⑫	19	⑬	33	⑭	25
⑮	20	⑯	25	⑰	31	⑱	20	⑲	31	⑳	20	㉑	30
㉒	37	㉓	28	㉔	16	㉕	24	㉖	27	㉗	19	㉘	23
㉙	16	㉚	18	㉛	33	㉜	22	㉝	29	㉞	24	㉟	13

Worksheet 84

①	26	②	30	③	25	④	23	⑤	27	⑥	9	⑦	14
⑧	10	⑨	16	⑩	28	⑪	17	⑫	21	⑬	15	⑭	28
⑮	29	⑯	33	⑰	18	⑱	18	⑲	10	⑳	32	㉑	31
㉒	17	㉓	17	㉔	25	㉕	27	㉖	28	㉗	18	㉘	28
㉙	30	㉚	27	㉛	13	㉜	22	㉝	16	㉞	22	㉟	34

Worksheet 85

①	31	②	29	③	18	④	20	⑤	30	⑥	11	⑦	28
⑧	18	⑨	27	⑩	23	⑪	27	⑫	25	⑬	20	⑭	22
⑮	39	⑯	22	⑰	22	⑱	28	⑲	29	⑳	20	㉑	19
㉒	27	㉓	22	㉔	33	㉕	27	㉖	16	㉗	21	㉘	20
㉙	15	㉚	20	㉛	21	㉜	31	㉝	18	㉞	26	㉟	22

Worksheet 86

①	14	②	13	③	20	④	23	⑤	18	⑥	23	⑦	15
⑧	11	⑨	35	⑩	27	⑪	12	⑫	16	⑬	19	⑭	26
⑮	31	⑯	19	⑰	16	⑱	10	⑲	21	⑳	37	㉑	20
㉒	12	㉓	18	㉔	23	㉕	30	㉖	30	㉗	23	㉘	16
㉙	11	㉚	21	㉛	24	㉜	31	㉝	21	㉞	21	㉟	29

Worksheet 87

①	11	②	12	③	23	④	28	⑤	20	⑥	32	⑦	28
⑧	15	⑨	12	⑩	40	⑪	33	⑫	23	⑬	20	⑭	21
⑮	22	⑯	21	⑰	37	⑱	20	⑲	36	⑳	28	㉑	19
㉒	17	㉓	18	㉔	21	㉕	22	㉖	38	㉗	10	㉘	23
㉙	34	㉚	34	㉛	19	㉜	11	㉝	29	㉞	15	㉟	40

Worksheet 88

①	17	②	22	③	8	④	14	⑤	27	⑥	17	⑦	27
⑧	19	⑨	23	⑩	18	⑪	20	⑫	14	⑬	15	⑭	21
⑮	25	⑯	29	⑰	23	⑱	25	⑲	15	⑳	14	㉑	19
㉒	23	㉓	18	㉔	8	㉕	37	㉖	12	㉗	28	㉘	23
㉙	37	㉚	28	㉛	19	㉜	20	㉝	14	㉞	24	㉟	19

Worksheet 89

①	26	②	20	③	17	④	20	⑤	36	⑥	13	⑦	20
⑧	21	⑨	11	⑩	17	⑪	26	⑫	16	⑬	31	⑭	32
⑮	35	⑯	22	⑰	23	⑱	15	⑲	36	⑳	23	㉑	15
㉒	21	㉓	29	㉔	30	㉕	16	㉖	27	㉗	7	㉘	14
㉙	34	㉚	8	㉛	26	㉜	15	㉝	24	㉞	14	㉟	21

Worksheet 90

① 26	② 26	③ 29	④ 18	⑤ 19	⑥ 25	⑦ 26
⑧ 22	⑨ 26	⑩ 26	⑪ 21	⑫ 21	⑬ 28	⑭ 20
⑮ 20	⑯ 27	⑰ 11	⑱ 9	⑲ 4	⑳ 40	㉑ 23
㉒ 15	㉓ 24	㉔ 30	㉕ 18	㉖ 33	㉗ 18	㉘ 21
㉙ 23	㉚ 29	㉛ 28	㉜ 9	㉝ 7	㉞ 7	㉟ 18

Worksheet 91

① 17	② 17	③ 30	④ 23	⑤ 23	⑥ 13	⑦ 17
⑧ 19	⑨ 10	⑩ 21	⑪ 18	⑫ 14	⑬ 16	⑭ 13
⑮ 16	⑯ 33	⑰ 21	⑱ 36	⑲ 17	⑳ 33	㉑ 8
㉒ 22	㉓ 21	㉔ 20	㉕ 21	㉖ 24	㉗ 23	㉘ 21
㉙ 29	㉚ 13	㉛ 11	㉜ 28	㉝ 19	㉞ 30	㉟ 25

Worksheet 92

① 11	② 16	③ 15	④ 14	⑤ 31	⑥ 21	⑦ 36
⑧ 30	⑨ 40	⑩ 30	⑪ 33	⑫ 18	⑬ 19	⑭ 22
⑮ 8	⑯ 8	⑰ 23	⑱ 8	⑲ 25	⑳ 31	㉑ 39
㉒ 29	㉓ 25	㉔ 18	㉕ 17	㉖ 15	㉗ 15	㉘ 15
㉙ 28	㉚ 29	㉛ 31	㉜ 22	㉝ 21	㉞ 33	㉟ 25

Worksheet 93

① 14	② 30	③ 26	④ 27	⑤ 28	⑥ 34	⑦ 26
⑧ 19	⑨ 34	⑩ 26	⑪ 22	⑫ 23	⑬ 15	⑭ 24
⑮ 33	⑯ 21	⑰ 27	⑱ 9	⑲ 33	⑳ 16	㉑ 20
㉒ 22	㉓ 23	㉔ 34	㉕ 28	㉖ 9	㉗ 14	㉘ 6
㉙ 28	㉚ 20	㉛ 19	㉜ 36	㉝ 8	㉞ 11	㉟ 34

Worksheet 94

① 21	② 25	③ 4	④ 4	⑤ 36	⑥ 23	⑦ 18
⑧ 17	⑨ 18	⑩ 23	⑪ 26	⑫ 14	⑬ 22	⑭ 19
⑮ 13	⑯ 31	⑰ 18	⑱ 27	⑲ 21	⑳ 14	㉑ 27
㉒ 33	㉓ 35	㉔ 26	㉕ 10	㉖ 38	㉗ 33	㉘ 24
㉙ 22	㉚ 22	㉛ 35	㉜ 24	㉝ 15	㉞ 27	㉟ 14

Worksheet   100

①	24	②	19	③	16	④	15	⑤	18	⑥	30	⑦	27
⑧	15	⑨	27	⑩	22	⑪	36	⑫	22	⑬	19	⑭	21
⑮	27	⑯	23	⑰	24	⑱	27	⑲	24	⑳	32	㉑	6
㉒	11	㉓	17	㉔	26	㉕	9	㉖	10	㉗	21	㉘	23
㉙	35	㉚	23	㉛	21	㉜	33	㉝	25	㉞	26	㉟	30

Did You Like This Book?

I searched online to find basic math worksheets like these, but wasn't satisfied with what I found. I made these math worksheets for my children and students. Then I put them together in this workbook so that they would be available to other parents and teachers. Some of my objectives in making this workbook were:

- Including the answers at the back so parents or teachers could easily check the solutions.
- Numbering the exercises to make it easy to check the answers, and to allow teachers to assign groups of problems by number.
- Providing enough space for students to write their answers.
- Organizing the problems in a visually appealing way, and arranging the content so that the level of difficulty grows as the book progresses.
- Having designated room for students to write their name, and for parents or teachers to record the score and time.
- Making the book affordable. I hope that you believe this workbook to be a good value.

I hope that you found this workbook to be useful. I would be very appreciative of any feedback that you may choose to leave at www.amazon.com. This would also be very helpful for any other parents or teachers who are searching for math workbooks.

Thank You,
Anne Fairbanks